借"死"談"生"。

幸福生活的選擇

陳敏兒女士與李志誠博士的對談錄

前言

「有開始，就會有終結。」人從誕生開始便有離開的一刻。然而，很少人會探求死亡的意義或正視死亡，因而不懂珍惜現在、熱愛生命。

面對親友死亡，我們都會心痛欲絕。當然有人能夠在死亡中，把自己與傷痛分別開來。那就是曾經把握光陰活在當下、與逝者一同珍惜過每個當下的人。

當我們懂得把握時間與至愛的親友相處，分享生命，你會發覺彼此多了份難以言喻的滿足，而不是遺憾或缺失。當死亡到來，人沒有半點力量去反抗、阻止，但我們慶幸自己有一顆心，去懷念、去憶記與逝者的每段經歷。

《借「死」談「生」－幸福生命的選擇》，不單是談論死亡，還希望喚醒讀者，趁還未真正面對死亡前，便預早學習。切忌待死亡「殺到埋身」才臨急抱佛腳，離開時帶走的是一大堆生命的問號和感嘆號！

更重要的是，這是本生命之書，死亡讓我們看見生命本是完滿的。通過我們在生時適時向身邊的人「道愛」、「道謝」、「道歉」、「道諒」，到最後的「道別」，為死者劃上完美的人生句號，我們送出這「五道」禮物，更可以為自己帶來完美的生命。我們願意這樣選擇嗎？

善因生命教育學會創辦人
李志誠博士

新冠疫情為香港不少家庭帶來不是預期的死別；同時，更多香港人又要面對同樣不是預期中的生離，身邊出現此起彼落，一個又一個來自親人，朋友，或同事移民的通知。未能好好道別，為我們帶來很多情緒困擾，更是久久不能釋懷。

驀然回首，發現自己生命已曾經好幾回生離死別，而每次經歷都有不盡相同的學習。希望透過分享我從中的發現，感染更多人有所醒悟，及早處理生命中重要親密關係的課題；同時，因知死而知生，更懂得有意識地為自己作出最合適的選擇，創造幸福。

陳敏兒

環環相扣的「緣」「果」「心」

文：善因生命教育學會創辦人李志誠博士

人生無常，世間一切皆會改變，唯有變化不變。改變固然不慣，尤其面對生死離別的重大變動，人往往一時三刻都無法接受。但當時間流逝，領悟到生命的組成源於各樣不確定性，願意選擇積極面對、坦然接受，慢慢就能活出豐富的美麗人生。

徐美琪（Margaret）是「善緣」「善果」「善心」的創辦人，致力推崇「終生美麗」的人生格言，將「真善美」貫徹人生的不同階段，持續追求更高的生命意義。

跟英年早逝的丈夫生死相別後，Margaret意識到失去至親至愛是生命裡最大的痛，唯有圓滿的道別，才能撫平喪親的心靈。從此，她視善終服務為自己的畢生目標，為傷痛的家人送上安慰。

丈夫離世後，Margaret在石澳家中置辦了追思會，邀請一位民族舞蹈家，編排了一段名為「別」的舞來悼念丈夫。在平靜的音樂中演繹Margaret與丈夫「欲斷難斷」的別離愁緒，她表示：「就喺嗰刻，我立定心志建立『善緣』」。

Margaret將早年前於屯門青山村購置的別墅改建成靈灰安置所「善緣」，提供體貼的人性化服務，為喪親者簡化繁瑣後事，在寧謐安詳的環境緬懷摯親。

「小心作事，大量容人，利居眾後，責在人先。」這句座右銘是一位前輩留給Margaret的，她一生都堅守遵循，並且將這個信念融入「善緣」裡，強調善終

的關鍵在於「體貼他人」，為每個喪親家庭提供貼心的人性化安排，撫平傷痛之餘，更能讓喪親者追思生命的價值。

「我會稱『善緣』為追思生命價值嘅平台，因為『生命』係人為加天意塑造而成，當你追溯番自己嘅生活點滴時，會發現好多因素都係交匯連接，然後一件事衍生另一件事，最後產生宜家嘅結果。」

Margaret不單成功帶領團隊把「善緣」打理得妥善貼心，更於「善緣」附近再打造了另一個宮殿式的「善果」生命文化紀念館，於2022年6月獲得私營骨灰安置所發牌委員會發牌。計劃今年於葵涌落成的「善心」生命文化紀念館也在密鑼緊鼓地修繕中。三個生命文化紀念館都以「善」為根本，致力打造獨樹一幟的私營靈灰安置所「善」集團。

人生的一切都存有因果關係，環環相扣。Margaret體會，不論順境或逆境都是個體驗過程，讓她在不同階段遇到困難時都坦然以對，並且更加珍惜生命的來去匆匆，持守正面的態度面對死亡。

Margaret的人生正是起承轉合的楷模。港大畢業後便擔任玫瑰崗學校的訓導主任，之後憑藉她的創意和生意頭腦開設珠寶公司，再轉戰房產投資。涉獵不同業務領域的Margaret更不忘回饋社會，將其才華與慈善結合，獲得「慈善藝術家」的美譽。

人無法掌控生死，但人生中的「緣」「果」「心」卻往往環環相扣。後人若懷著「慎終追遠」的心，能夠在幽雅恬靜的墓園裡，好好追思道別先人，是延續其生命價值的福氣。

徐美琪（右）從商經局副局長陳百里手中接過「慈善人物獎」

借"死,,談"生,, 幸福生活的選擇。

目錄

借 "死" 談 "生" 幸福生活的選擇

6

借。"死,,談"生,,。幸福生活的選擇。

第一章

死亡導師威力大

陳敏兒

死亡是我的人生導師,而地球是我的學校。由出生的那一刻開始,我們便在這所被稱為生命的學校中,修讀不同學科。有些科目是我喜歡的,有些科目會避之則吉,因為內容較為艱深,但是每次面對的挑戰、艱難,我都視之為學習成長的機會。

我有這個覺悟並非一朝一夕而出,而是自己曾經面臨過多次的生離死別,慢慢建構出這個無常人生的意義。

李志誠 我十分認同敏兒所說，「地球就是我們所有人的學校」這個說法。而其中有一位最有力量，最能夠幫助我們成長、轉變的，便是叫作「死亡」的老師。

死亡可以說是所有人的必修課，無論我們喜歡與否，到生命最終章的時候，都需要接受這位老師的考核，無法逃避。有些人可能早些醒悟到這件事，選修死亡這個科，在未真正面對之前，已經主動選擇學習何謂死亡。

這批主動選修的學生不再視死亡為人生的終極，反之更加重視生命的過程，明白到「LIFE」（生命）的意義是「Learn It From Experience」（從經驗中學習），了解到原來生與死並不是對立面，而是一個整體。

借"死"談"生" 幸福生活的選擇

陳敏兒

確實，許多人不會在健康時思考死亡的議題，往往等到死亡「殺到埋身」才學習怎樣面對。而我自己便有個熱忱，想讓更多人改變這種想法，不要等到死亡來到的那刻，才匆匆忙忙思考要怎麼面對。

萌生這個想法，全因在陪著丈夫智叔（廖啟智）離世前的一段日子。我目睹當一個人突然收到自己只有數個月生命的通知，內心在毫無準備下，不知所措的狀態：不知如何去定義自己的生命，懷疑自己的生命是否有價值，對自己生命中的挫敗不能釋懷，感傷辛苦工作了大半輩子，到應該享福的歲月卻被迫接受這無稽的噩耗，感到死亡的殘忍，毫無憐憫地奪走一個人一生的付出，回想過去種種的遺憾，想到未來的種種遺憾……因而，對死亡充滿焦慮！

而我，陪伴一個臨終的親人走他人生最後的一里路，我嘗試幫助智叔解開心結，看到他自己的人生意義和價值，完滿他生命的句號，好好走過這生命的最終章。而作為家人，也因著這段陪伴的歷程，圓滿了彼此的關係，成就了彼此的生命，生死倆相安。

生之聯想

1. 死亡讓我們更加重視生命的過程,那麼從至親或好友的離世中,有否讓我們反思到自己生命的價值和意義?留下了什麼光輝的印記?

2. 如果死亡是必修科,你願意在人生那個階段開始修讀這科,為考核作出準備?

善因篇－什麼是生命教育？

生命教育在不同時代突顯不同的意義，即或在不同的情況下，生命教育的意義亦有所不同。

簡單來說生命教育就是「有關生命的教育」，在定義上有頗多不同看法和演繹，而探求這個定義亦正是生命教育中的重要課題。所以，不同人持不同觀點立場，對生命教育所下的定義都無對錯可言。因為不同主體會依據個人的信念或人生目標，去為生命教育作總結。

因此有關生命教育定義的評斷方法，不必具局限性又或過分武斷，而是秉持開放、勇於接受新思維的持續討論或研討去充實之，繼而再進一步完善各自的定義。

生命教育定義雖然尚難統一確立，然而生命教育的意義和目的卻是明確的：讓生命活得更好。

「活得更好」可以分為兩個層面：首先是提倡人們珍愛生命、尊重生命；第二個層次就是對價值觀的培育。它著意於啟發人生中的知識，深化人生中的價值作反思，並致力達到言行合一。所覆蓋的不同層面都是人生中整全或零碎的部分，促使人們確立整全的人生觀及價值觀，進一步深化個人修養。

因此生命教育也要從心出發，建立個人與「天、物、人、我」四者之間的和諧關係，活出自我，展現生命的意義。

我們並不一定要為生命教育下絕對的標準定義，而是主張為自己、為別人「發掘、思考與探索生命議題」。這亦是內化生命教育的重要過程。

放下心中的「垃圾」

陳敏兒

智叔在面對自己的離世時，心中有許多的遺憾。從他的遺憾中，讓我體會到：為死亡畫上完滿的句號是極為重要的。

當他在回望生命的點滴時，他感到有很多的不甘心，不明白為何自己在一個還相對算是壯年的年紀，在完全沒有半點心理準備下，便收到死亡的召喚。他甚至在病榻上對著我說：「我真係估唔到我死先過你，我仲以為我會殿後。」

確實我身體是有長期病患，表面上我的生命應該較智叔更為脆弱，因此智叔生前總會計劃，如果當我先離世，他要怎樣繼續照顧好家人。但是，結果卻正正相反，使得智叔的思緒突然迷失了。

他內心湧出許多的問號，質問自己的存在價值，數算自己生命中的不忿、委屈、創傷。而且，不斷嘮叨自己曾經考不上第6期藝員訓練班的過往，訴說自己在考核時如何努力演出，導師劉芳剛更給自己額外的拍攝鏡頭，感覺自己一定能夠成功。

但是，智叔卻落選了，他連參加第7期訓練班都失去信心。等到第8期訓練班時才因為不忿而再次報名，結果考上並與我成為同學。

李志誠 華人社會的傳統價值觀強調謙卑恭順，對別人的讚賞都不太適應，有種根深蒂固的「自我貶低」文化。在這種環境下成長的孩子，較難找到自我價值及欣賞自己的優點，很容易將自己的缺點放大，些許的失敗都無法釋懷。

有兩句說話，可以幫助我們走出這個死胡同。第一「不比較的獨一無二」，每個人都有自己的長處，專注於自己，不需與他人比較；第二「不驕傲的自我認可」，對自己的認同不是出於虛榮心，而是發揮自己的長處，為身邊人和社會帶來價值。

當我們建立健康的自我價值觀，內在的情感就得以梳理，放下得失。

陳敏兒 是啊，當他在訴說這段失敗的過往時眼泛淚光，內心還耿耿於懷，讓我感到很心痛。智叔明明已經是一位十分出色的演員，獲獎無數，無論是成就、地位、經歷都是出類拔萃，任何當初失敗的創傷應該都能夠被醫治，但是在他生命的最後時刻，才發現這些創傷原來一直存在，甚至成為他生命中一條苦澀的傷疤。

李志誠 心理治療上有個學派，稱為「敘事治療」，可以明白到為何智叔會出現這種的心態。

「敘事治療」提到，我們記憶會選擇性地將部份真相，放大成為整個事件的真相，不知不覺將微小的錯誤扭曲成事件的全貌。而且，人習慣於活在負面的記憶中，將事件的枝節忘記，只是深陷在內疚、悔恨的片段。

相信智叔墮入了這個「心理病」裡，回憶中只記得自己的失敗，忘卻在當中收穫了愛情、成長、成就以及奮鬥的決心。當出現同樣的「心理病」時，我們要提提自己，每個故事都有許多幸福的片段。

陳敏兒

當我看到他帶著這麼多遺憾，我對他說：「你睇唔睇到，原來你拸住咗好多垃圾行你的人生路，聞唔聞到成陣垃圾味？」

他靜默半刻，若有所悟：「呀⋯⋯唔怪得我病啦！」這個頓悟，令他馬上轉化，我看到他終於願意放下過去的挫敗，轉為聚焦數算生命中的美好，包括過去自己創造出來的成就，以及此刻自己每天的成長。

看見他在病房中展現出的笑面比過往生活中還多，我為他的突破而高興。

李志誠

智叔欠缺的其實並非成功，而是一個簡簡單單的自我肯定。只有當我們不再著緊自己的人生是否完美，不再後悔過往的失敗經歷，帶著感恩和欣賞的心去面對這個世界，那生命才真正畫上一個完滿的句號。

 生之聯想

1. 原來我們在人生中不經意背負了很多「垃圾」，你身上的「垃圾味」濃烈嗎？有那兩件「垃圾」可以儘快清除？

2. 我們的人生往往聚焦在「扣分」而忘卻了「加分」的往事。分享兩件值得「加分」的美事，這兩件美事如何可以成為我們人生的鼓勵？

「平凡人生」的因

陳敏兒 病情曝光後，智叔的情緒變得複雜。

他擔心接踵而來的記者追訪，會打擾到我和孩子的生活。而且男人天性中的自尊心，往往不肯在外人面前展現自己脆弱的一面，更何況性格低調的智叔，原本希望靜靜養病，現在不知不覺間全港都知道了。在種種無形的壓力下，他產生焦慮，情緒愈發躁動。

我安撫他：「你覺得你嘅私隱被揭露，令你感覺好唔自在，我希望你看看一些事實，當大家知道你病咗，都把握機會向你表達關心，表達愛。」我將社交媒體上各界人士的祝福展現給智叔看。

我繼續説：「讓我告訴你我看見的。來醫院採訪的記者不是只是來工作，來交貨，來揭人私隱，我看到他們的眼神，是帶著關心你的熱切，帶著擔心你的憂慮，完全是有別於『打工仔』交貨的心態來挖掘你的病情。我被他們的真情流露感動了。」

最後，我邀請他：「我鼓勵你此刻，接受大家俾你嘅愛，嘗試感受他們聯手織起了一張愛的棉被，覆蓋在你身上，請你好好感受一下呢份愛的溫暖。」智叔閉上目，安靜下來。片刻後，他張開眼睛，平靜安穩地向我説：「多謝你。如果冇你，我唔知點死。」

智叔生命的最後幸好有你，因為在他臨別生命前的歷程裡，每次瀕臨崩潰的前夕，都有你這位好太太去紓解他的情緒，安撫他對死亡的害怕。

這不是件容易的事，唯有你的聰明和幽默，令到心中還帶著許多遺憾和心病的智叔，慢慢一步一步解開了他纏繞一生的心結，這份安慰是需要智慧，並且是完全真正了解智叔，才可以做到這個解鈴人的角色。

因此對於智叔來說，他可以為人生畫上完美句號、善終離開，這個奇蹟的發生，源於你肯毫無保留地愛他，一心一意著緊他的真正需求。

而你剛剛提到，連記者採訪智叔的病情時，態度都是關心和體貼的，這引發我思考，「智叔是全香港市民的好朋友」。相信很多人都會同意，香港人都因為他的作品而愛戴他。

但出名的演員很多，演技出色的數之不盡，為什麼智叔卻可以受到全香港人的祝福，他的「因」是什麼呢？他的作品到底有那些地方讓香港人如此尊敬他？我想答案就是：他飾演的角色，不只是電影人物這麼簡單。

借"死",談"生", 幸福生活的選擇。

當中不乏有校長、小店老闆、警察、小偷,這些角色都是我們日常生活中隨處可見的,甚至是自己。並且,這些戲裡角色都是以配角的身份出現,看似並沒有主角那麼重要,但是往往卻是電影中不可或缺的。這不就是日常生活中的你我嗎?

我們大部分人的人生都是平淡小角色,看似普通,但是智叔的角色告訴我們,平淡的人生也可以活得精彩,平凡的生命是可以在不起眼的角落,綻放光芒。

這應該就是「因」,是智叔給我們的安慰、禮物,讓我們在他的戲中感受到,平凡人也可以活出不平凡的人生。

生之聯想

1. 我們有否感覺到，在生命中其實有很多人關心自己，愛惜自己？你接受他們的關心及愛惜嗎？

2. 絕大多數人都認為自己是「平凡人」，你認為自己這個平凡角色活得精彩嗎？

善因篇－我要怎樣安慰你？

每個人一生中都會經歷到高低起跌，由於成長環境不一樣，快樂或是創傷的情緒都不盡相同。快樂故然能夠彼此分享，但傷痛就不是人人都可以分擔。

當你察覺到親友、同事有感傷情緒時，嘗試主動聯絡他，以溫和的態度表示你的關心，願意與他分擔心中的感傷。千萬記得你並不是要當偵探，而是要成為聆聽者、安慰者，因此不要急著發問，也不要急著認同，而是讓他傾訴心中的苦與痛。

當他冷靜下來後，你可以鼓勵他積極面對人生，甚至協助他重整未來的方向。誠然，面對生命的苦難，旁人未必能夠幫得上忙，但有些時候陪伴已經是最好的安慰。因為當人要獨自面對生命中的磨難，會教人痛不欲生，要是有人陪伴他走過那段低谷，苦難就會有了意義，生命也截然不同。

生活在今日的社會，人們都習慣了冷漠和制度化的相處，久而久之我們都喪失掉了解彼此、愛與關懷的力量。與其等待悲劇出現後哀嘆不已，何不從今天開始，開始去愛、關懷你身邊有需要的他呢？

道別不可少的道謝

陳敏兒　智叔在病榻上的時候，主動提出一個請求：他希望聽到我和兩個兒子，親口述説肯定他的説話。

於是，我吩咐兩個兒子，好好回憶與爸爸生活的點滴，把印象最深刻的難忘片段記錄下來，也好好檢視爸爸在我們生命帶來的種種祝福，然後寫成一封道謝道愛的感恩信。

之後，我們各自安排跟爸爸一個二人專屬私聊的時間，在他的床邊，慢慢地、慢慢地把感恩信讀給他聽。

這是愛的連結時刻。透過回顧生命的足跡，彷彿在檢拾人生路上遺忘了一粒又一粒的珍珠，發現生命如此多寶，發現原來我們是這樣滋養潤澤了彼此的生命。我們就彷似雲彩圍繞著智叔的見證人，透過我們的作證，他看到自己的生命價值，也建構了他的人生意義。

李志誠

這個道別真是難得，亦讓我聯想到一個很普遍的情況。

原來我們日常生活表面上看似的風平浪靜，背後往往埋藏了許多不可預知的意外。大家心裡想明天又會再見，何需如此「露骨」地展示心底的愛意，導致彼此的交往，通常只維持在生活的日常瑣事中。而肯定對方的說話、了解彼此的機會都是少之又少。

直到面臨死亡的一刻，才發覺原來自己人生的目的其實非常簡單，只是希望身邊的人肯定自己、讚賞自己，讓自己的生命不再是迷茫的問號，而是得到他人肯定的完滿句號。

借“死”談“生”，幸福生活的選擇。

陳敏兒　我相信這是每個人臨終的需要。而生者同樣有需要去表達我們欣賞之情、感激之意，完成了好好道別才能安心，放心。畢竟，去愛，和被愛都是每個人深層的渴求。好好道別，能夠減少分離的遺憾。

李志誠　道別這堂課除了面對死亡時出現，在日常生活上也會經常遇到。但是死亡帶來衝擊更大，尤其是突如其來的「死亡通知」，我們會不知如何處理。因此有人提出「將每一日當成最後一日生活」，才能夠在死亡來臨之前學懂珍惜，當然這個說法有人反對。

反對的人覺得不切實際，因為面臨生命的最後時刻，大部分人都只想與自己的家人在一起，那麼工作、朋友、興趣豈不是需要放棄？每天都只專注在家庭？

「將每一日當成最後一日生活」，其實強調活在當下，將「珍惜」發展成日常的心態，享受每一刻與家人、朋友的相處，明白到每次道出「再見」都不帶後悔。

生之聯想

1. 對別人真誠的讚賞及肯定，能幫助離世者畫上完美的句號。分享你對別人讚賞及肯定的心路歷程，以及你獲得別人讚賞及肯定的喜悅。

2. 生命無常，你希望摯親或朋友用什麼方式跟你道別？有否適時向他們表白？

善因篇－「I LOVE DEATH」 的10個啟示

「I LOVE DEATH」不是叫你熱愛死亡，而是建議你以更積極的角度，看看死亡為活著的人帶來的啟示：

I
Individual
（個別）

你總要面對死亡的一刻，沒有人可以代替。你在人生中儘管受過別人照顧、幫助，甚至被別人影響，但你的人生是屬於你的，最後也只有你可以承擔。因此不要只顧抱怨環境，覺得身不由己，也不要將責任推到別人身上。

L
Limitation
（限制）

死亡是生命的限制之一，在生活中我們也同樣面對諸如時間、體力、資源、金錢、地域的限制。但人可以從各種掣肘中創造無限的可能，這也是人類能夠存活至今的原因之一。人即使不能全然主宰自己的命運，卻能夠影響甚至改變命運。與其哀嘆人生苦短，不如在有限的人生中發揮無限的力量。

O
Offer
（給予）

死亡時不能帶走任何東西。物質是短暫的，但我們一生卻不斷追求，還漸漸忘記了給予的快樂。因為死亡，我們更加需要分享和給予。「施比受更為有福」，人生的意義不在於得到多少，而在於付出多少。

V
Value
（價值）

如果沒有死亡，我們都不會珍惜生命，生命也變得沒有價值。死亡的時刻每人都不同，卻總是突如其來。如果帶著不滿或不愉快的心境面對這不速之客，是可悲的事情吧？活在當下，珍惜現在，為生命加入意義和價值。享受存活的每一刻，用心體會世界，才可以安心而沒有遺下悔恨地面對死亡。

E
Equality
（平等）

不論性別、膚色、貧富，沒有人能免於死亡，死亡對任何人都是平等的。時刻抱持著優越感或自卑感的人生，到終結時都會變得一樣，那是否應該在生時互相作出平等相待嗎？

借"死"談"生" 幸福生活的選擇

既然總要一死，你可能會問：為什麼我還要活下去？每個人活著的目的可能不同，這正反映了人類的尊嚴。不同的人為著不同的目標奮鬥，堅毅地在逆境中努力。有些人又願意犧牲自我、捨己救人，這些高尚情操都是人類的驕傲，為活著的人遺下物質上和精神上的財富。

人對未知的死後世界產生恐懼，是理所當然的。如果對死亡有所覺悟，甚至無懼死亡，那麼憑著這股勇氣，就足以面對人生的任何挑戰。但有人卻以死來逃避問題，這亦是需要很大力量。如果能夠冷靜下來又或尋求支持，可以將死的動力轉化為生的力量，這就是所謂「唔怕死，活得起」。

人生在世匆匆數十年，我們不可能完成所有的事。與其埋怨不夠時間，倒不如趁早定下計劃，選擇有意義的事盡力完成。每個人量度「意義」的尺都是獨特的，牽涉到各自的價值觀和性格、經歷、環境等等。因此各人按照自己認為重要的事作出取捨，認為應該做的事就盡力去做。

死亡就像一場遊戲的完結。而人生在世少不免和別人有不愉快的時光。既然遊戲總會過去，過程中對人的種種不快、不滿、過失等等，何不一笑置之，放開懷抱，留下美好的回憶和經歷？人是不完美的，接納人會犯錯。寬恕別人也是對自己的解脫，讓我們懷著愉快的心情完成這場遊戲。

既然都會過去，為什麼還要左瞞右騙，自欺欺人呢？對自己忠誠一點，認識自己，接納自己。對別人忠誠一點，放下猜疑，坦誠相對。「罪疚越大愈怕死」，生命不只有物質的需求，內心平安更為重要。

認知死亡減低焦慮

陳敏兒

智叔的性格比較內向，行事作風比較低調內斂，不單不喜歡交際應酬，就連跟親朋戚友也甚少交往，他曾笑說懷疑自己是否有「自閉症」。

他曾說不想辦安息禮，希望遺體由醫院直接送往火葬場，不需要有人知道，也不需要儀式。但幸好二兒子的一句回應：「爸爸，做人係咪都唔可以咁任性呢？」讓他醒覺到死亡除了是自己的事，身邊人也是「有份」的，需要為生者著想，沒有機會向逝者表情達意，哀悼致敬，會為親友帶來難以彌補的遺憾。

與當事人討論身後事並不容易，尤其當時智叔仍未能接受死亡，醫生一句隨口的鼓勵：「講唔埋可能有奇蹟出現呢」，他就視為救命稻草，抓住不放，認為自己的末期胃癌可以痊癒，再辛苦的化療都願意捱下去。

但其實大家都心中有數，痊癒的機會十分渺茫，我唯有默默在他身邊，陪伴他作最後的奮鬥。在這種情況下，我更不知如何跟他開口談論身後事的細節。

化療一段時間後，病情並沒有好轉。智叔的信心有些許動搖，他說：「我覺得要行plan B，看中醫。」這時，我馬上打蛇隨棍上：「你有plan A，又有plan B，係咪應該要有埋plan C？總要有兩手準備啊！都要想埋如果醫唔好，需要處理的事，才不致令我手足無措。」

他沈默不語，其實他也意識到自己一直在逃避死亡。終於，他願意打開討論身後事的話題。

 李志誠

華人文化對於「死亡」的話題都帶有禁忌，通常都會逃避，這種現象源於對死亡的「恐懼」，對未知的驚恐。例如許多人都恐懼「身體檢查」，因為不願意面對自己，對於真相有種本能上的排斥。

因此我們需要做更多生死教育，慢慢改變「死亡即禁忌」的看法，用正向態度解釋生死的來龍去脈。

譬如我在一些家庭做生死教育時，便以「預設醫療」策略打開話夾子，讓他們思考，若果家人遇到不可逆轉的危疾時，後人會如何應對，以容易的話題引起對生死的思考。

當這種生死價值觀提升為一種文化後，提升對死亡的認知，就能夠減低不必要的恐懼。

生之聯想

1. 人生有很多禁忌話題，你對「死亡」這話題的開放討論程度有多大？為什麼？

2. 「預設醫療」越來越普遍，若以此話題引入討論死亡，你有什麼可以分享？

善因篇－人生最後的24小時

曾經有人問：『如果明天是你最後的一天，你今天會做些什麼事情？』大部份都回答要完成此生未完成的事，其意義是告誡人要珍惜光陰，每一天都要當最後一天般處事。

而我的回答是甚麼也不處理，只是沖調一壺香草茶，播放著輕音樂，一面茗茶，一面看著由我出生以至最近的相片。晨曦的朝陽至日落的夕陽，見證著我的一生。因為我相信永恆的轉化，憑藉著每天的日落日出，我現世的精神會一代一代流轉，生生不息。

曾聽過人說：『沒有明日，只看今朝。』就是勸喻我們不要常做白日夢、杞人憂天，不要沈醉於過去的風光、奢盼未來的幸運，而白白錯失了活在當下的機會。

生命是如此短暫、來去匆匆，而又不可復得，才有著無可替代的價值。把握今天，是人在生時的處事態度；燃亮生命火炬，傳承後世，是對處理死亡的積極態度。

遺照裡的完美句號

陳敏兒

我和智叔好不容易開始討論安息禮。但我突然發現一個意想不到狀況,就是身為演員的智叔,竟然挑選不到一張合適的遺照。

智叔想選一張沒有鬚鬚的,就這個要求已是十分困難,因為他近年的生活照都是保有鬚鬚的造型,找不到他要求的相片。我唯有從他的劇照入手,發現也沒有適合的,因為雖然相片裡是他,不過表現出來的只是他飾演的角色,並不是真實的他。

千辛萬苦終於在廣告照上找到智叔「本尊」,那張照片完全沒有他在飾演角色的感覺,這是他為鬚刨公司在父親節拍的廣告,他呈現的就是平時我所認識的他 - 慈祥的父親。

這時我們又遇上另一個困難,廣告照的解像度很低,打電話去鬚刨公司詢問,是否可以借出底片作智叔的遺照,誰知攝影師已經離職,但只有找到攝影師才能找回底片。

我頓時感到很徬徨,心想為何找一張遺照都如此艱難。但冥冥中似乎有種力量引領著我,奇蹟發生了,智叔經理人Helen竟然在Facebook裡,發現那位攝影師post了那張相來懷緬當日為智叔拍照的經歷。

經理人立即私訊他,知道他還保存著那張底片,並且願意把底片給我,讓我可以將真正的廖啟智呈現。父親這個身份,正是他人生最大的成就。

李志誠 這個找尋遺照的故事，會否就等於是我們找尋著生命完美的句號呢？

我反思到底我們要選擇一張什麼年紀？在什麼地點、情況下拍攝？更重要的是以什麼形象作自己的遺照呢？因為怎樣篩選遺照，從來沒有固定的公式、標準指引我們。

所以我認為，如果我們辦一場談生死的workshop，在活動的最後部分，要讓參與者拍下一張他們認為最接近自己本質的遺照，並且與家人討論，為何自己想以這樣的面貌示人，得出的結論就是我生命的完美句號。

 生之聯想

1. 你認為什麼年紀、形象的遺照最能代表你自己？可否分享原因？

2. 若你現在才拍下這張照片，你會選擇在什麼地點拍攝？你又會選擇穿上什麼形式的衣服？

借"死""談"生" 幸福生活的選擇。

活現人生的安息禮

陳敏兒　智叔表示過自己不喜歡殯儀館的氛圍，不希望自己的喪禮在那裡舉行。為了達成他的心願，我挑選了尖沙嘴聖安德烈堂，在一間莊嚴、寧靜的教堂中辦他的安息禮。

場地不大，所以我安排了網上直播，方便更多親友和市民能夠從直播中向智叔道別，送他最後一程。我相信喪禮是有療癒生者的意義，雖然智叔的心願，希望安息禮低調簡單地進行；但我相信他能理解大家想向他致敬的心意。

在安息禮中，我用短片的形式來回顧他的生平，並且以「人生短跑」作為短片的主題。

為何我要定這個主題呢？「短跑」這個詞語很貼切智叔的一生，一來他的生命真的算是短暫，二來他的人生歷程也如短跑般不斷衝刺，沒有半刻減慢。

從他剛剛出道時，他似乎就從未停下來，工作量之大，我可以大膽説「前無古人後無來者」。他既是一星期五天都要演出「歡樂今宵」的演員，戲劇組也十分喜歡起用他這位百搭的綠葉。當年也盛行酒廊登台演出，劇團也愛邀請他演話劇。他總是來者不拒。後來主力拍電影；還在大學兼任教授演技。

每天的生活就是為了工作、工作和工作，不斷向前衝，一生都貢獻給工作。幸好在他生命最後的幾年，他愛上了跑步，尤其是在疫情期間，跑步成為他每天快樂的源泉，為他帶來成功感，更重要是讓他找到了朋友。

我認為「人生短跑」完整地總結了智叔的生平，而且跑步可以說是他人生中最開心的時刻。

李志誠 人生大部份時間都是工作，智叔也一樣，慶幸他在人生的末段找到「跑步」這個興趣。能夠發掘到一種興趣是十分重要，因為這是生活上的「情趣」，是工作以外的調劑品。

生活在資本社會，很多的活動或選擇都是基於經濟效益，這種生活使我們忘記「人」的本質，往往為了養家糊口，而將自己的生活填上滿滿的工作行程，慢慢迷失在其中，失去快樂與滿足。

因此，我們需要找尋自己的「情趣」，留意自己在什麼活動上最能放鬆，以毫不「功利」的想法享受其中，因為這種最原始的愉悅是我們真正的生存意義。

借 "死" 談 "生" 幸福生活的選擇

陳敏兒

智叔在跑步隊中認識到一班要好的朋友，我感受到，智叔不再單單只有工作，他的人生開始有了更多色彩。

我特別在送靈柩出禮堂上靈車時，以 "My way" 這首音樂陪伴。我認為這首歌很適合智叔，他就是一個我行我素的人，全力以赴，不屈不撓，不論在演戲、跑步中都跑出自己的人生路，不單只是演員廖啟智，還有真正的廖啟智。

李志誠

"My way" 這首歌讓我聯想到一句俗語「嗒真啲」。

現在的社會充斥著速食文化，任何事物都很快更新改變，前一秒的時尚，下一秒可能已經過時，導致生活失去了沈澱，讓我們慢慢成為空殼，沒有時間停下來認真「嗒真啲」想一想，我們人生意義是什麼？

生活裡的每件事，經過領悟後都可以變成我們的故事、人生觀、世界觀、價值觀。透過回顧和反思，才慢慢找尋到生命的真諦。

"My way" 這首歌是敏兒「嗒真」了智叔的人生，以一首最屬於智叔的主題曲分享給所有來賓，總結智叔豐富的人生。

生之聯想

1. 分享兩種你的興趣及嗜好，它們對你的人生產生什麼真正意義？

2. 若用一首歌曲送別自己，你會選擇那一首？分享用這首歌曲的原因？

善因篇－哀莫大於心死

「哀莫大於心死」。不管我們面對多麼糟糕的環境，在我們內心仍有一種力量讓我們面對挑戰。維克多‧弗蘭克（Viktor Frankl）創立了「意義治療法」（Logotherapy），告訴我們人生失去意義才是最大的悲哀。

許多自殺的案例顯示，輕生念頭是源自失去別人在具體行動上或是精神層面上的認同感與肯定。人們一旦自覺失去為社會、他人服務的能力時，自我認同、自信將會同時失落。久而久之，別人就更找不到可以被認同的「他」，也令他的心態益形扭曲，最後選擇結束生命。

生命是自己的選擇，只要有決心，命運與環境再惡劣都不能把人打倒，更不能改變人的選擇。只是選擇往往需要勇氣作決定，去為往後的生活作出承擔。沒有勇氣，恐怕就真的只剩下死亡了。在往後的日子，當你面對生命的挫折時，不妨想想愛你的親友們，為他們、也為自己而奮鬥下去吧！

生而為人，不一定需要名成利就，有些時候別人的一句肯定，讓人感受到足夠的支持與愛，已經可以使一顆疲憊的心頓時活過來。常說死亡令人畏懼，所以人們都拼命想要了解死亡，好作準備。然而與其拼命想要了解死亡，何不先認識現在的生活與人生？

朋友遍千里

李志誠 跑步令智叔找到朋友，開始走出自我封閉的狀態，但是我認為智叔並不是沒有朋友，他擁有的可能比你我更多。

智叔的生命完全奉獻給演藝，演員這個身份不再是他的工作，而是他的生命。當他在演戲時，你看見他散發出耀眼的光芒，為整套戲、為他合作的夥伴帶來無比的光彩。

而朋友的定義不就是幫助對方變得更好，互相滋潤、互相成就嗎？

可能普世認為朋友代表日見夜見，一起開心歡樂，但是仔細思考，這種朋友似乎只是短暫歡愉的酒肉朋友。智叔追求的朋友，並不是此類。

我沒有與智叔相處過，但是在看他的電影時，感覺自己與他無意中成為了知心好友。他在戲中的一舉一動，我都感受自己正在與他一起經歷，擔心他在電影中失足、享受他劫後餘生的快樂。

因此智叔並不是沒有朋友，反而應該説，所有與他合作拍戲的人、所有觀看他電影的人，都是他的朋友，甚至是他的知己。

因為智叔內向的性格，導致他很少在日常生活中表達情感，電影成為他訴説自己內心的途徑，我們在戲中看見的他，就是完完全全的他，一個用戲分享內心的人。所以智叔事實上，是我們全香港市民的好朋友。

陳敏兒 平時邀請朋友來家聚餐的只有我，智叔從來都沒有發起過一次聚會，但是你這個全新的角度，啟發到我思考。

當智叔患癌的消息公布後，各界別的人士都在社交平台送上慰問，包括各行各業、不同宗教、不同年齡、不同黨派，都送上祝福，期望智叔病癒歸來。大家都知道我們是基督教家庭，除了基督徒為智叔代禱，連佛教徒都發動為他唸經祈福。當年社會上顏色政見兩極分化得很厲害，但我只見大家真心誠意去祝福他，對智叔毫無負評，使我十分感動。

這確實地印證到你所講的：「智叔是全香港市民的好朋友」，我想他可以得到如此多的愛，就是源於他熱愛他的工作，讓所有人都從他的作品中，感受到他的為人、他的生命，而這種全身心的投入，就是為何他看似無朋友，事實上朋友遍千里。

生之聯想

1. 分享自己兩位知心好友，你們怎樣在生命中互相滋潤、互相成就？

2. 設想你患病了，你猜想慰問你的朋友是來自「五湖四海」的，還是集中在同一類別的？你怎樣解讀這個現象？

善因篇－我們擁有幾多個十年？

你以為，我們會擁有幾多個十年？人所共知，我們擁有的十年極其有限。然而「光陰」仍然被許多人在有意無意間虛渡了……原因何在？因為人們總以為希望在明天，忽略了唯有今天付出努力，希望才會出現在明天。

因此，生命中的每個十年都值得人們珍惜和好好善用。如果你對過去十年的生活並不滿意，請別沉溺在「自己浪費了十年」的思緒中，要不然你浪費的將會更多。因為過去已經成為回憶，與其灰心失意，倒不如現在就展開行動去改變吧！

找來紙和筆，對過去十年稍事整理。想想自己哪幾方面的生活是最接受不了，寫在紙的左邊；列出來後，想想你期望未來的生活想怎樣，又怎樣才能達成？過去的生活有沒有一些是可以改善的？抑或必須完全戒掉呢？

不管是改善或戒掉，把這些反思寫在紙的右邊。然後拿出決心立志：從今天起，不再虛度任何一個十年、五年、一年！努力改變陋習，朝自己所規劃的未來進發！創造屬於你的人生吧！

過去或許不堪回首，但未來仍然有待你去改變。為人生，努力前進吧！

安息禮中的「禮物」

陳敏兒

我見到這麼多人為智叔的病送上祝福，為他的離世表示哀悼，所以我在安息禮表達感謝：「感謝大家對他的愛，我好感激大家一齊聯手打造一個人生金像獎送俾智叔，我而家代表廖啟智接受呢份榮譽。」倏忽掌聲雷動，這還是我人生第一次在莊重的喪禮裡，看到這個場面。

我想，這些掌聲是源於對智叔的不捨和愛，即使好像有違傳統安息禮的禮儀，仍然被內心的感情牽引，彷彿只有拍掌這個舉動，才能表達對智叔的敬意。

這些掌聲是對智叔的致敬，於我，作為未亡人，則是一份雪中送炭的禮物。

我想起三十年前，我經歷了喪父之痛。由於我跟父親的關係十分親密，加上他是突然死亡，我完全崩潰，無法接受，陷入極大的哀慟。在他的追思會上，我淚如雨下，悲痛欲絕，魂不附體，至今我仍然不會忘記。

在追思會上來的兩個人。一位是演藝界的前輩修哥（胡楓），我意想不到他會來到，修哥根本不認識我父親，他的出現完全是為了來安慰我，支持我。另一位是我的一位好朋友，她當時懷了孕，卻無視忌諱，挺著大肚子出席，都是為了支持我渡過這個難關。

他們的出現告訴我，我並不是孤單的生存著，這些在人生黑洞中收到的恩情，彷如星火，溫暖並燃亮那顆冰封的心，這份禮物我永遠不會忘記。從此建立了我一種態度 —「紅事不一定出現，白事卻一定要到」。

經過智叔和父親的安息禮及追思會，我深刻感受到，親人離世的痛是多麼需要別人的支持陪伴，花一點時間出席，擁抱一下喪親者，這種看似微不足道的支持，對於喪親者來說，絕對是雪中送炭。我接受了這些禮物，得了安慰，再將這份禮物轉贈給其他有需要的人，讓愛在死亡的幽谷中繼續流動。

李志誠 我明白敏兒所講的「禮物」，因為在我大學一年級時，經歷過一位好朋友的離世，深深體會到那種需要別人支持的軟弱。

那場喪禮在我心中烙印了一條極深的傷疤，不敢再向別人投放感情，時刻保持一定的距離，因為害怕建立越多緊密的關係，就要面對越多生離死別的難受。

直到40歲後，經過漫長自我療癒的過程，才慢慢明白死亡雖然會讓自己與心愛的人永別，但也是份莫大的禮物。因為有了死，我們才懂得珍惜生命，知道人生不應該任意虛耗，要在有限的光陰裡去愛身邊的人，並帶著愛去祝福喪親者。

生之聯想

1. 你是否同意「紅事不一定出現，白事卻一定要到」這兩句說話？試分享你的看法？

2. 分享一次出席安息禮後你至今難以忘記的回憶，這回憶對你有什麼啟發？

安息禮中的「笑」與「淚」

李志誠

剛才提到，你在智叔安息禮致詞後，來賓都拍手回應，這個舉動很特別。因為在中國人的傳統觀念中，安息禮總是悲傷的，無論是家人或者來賓，都抱著悲痛，甚至愧疚的心情參加，仿佛只有讓自己處於「唔好受」的情緒才代表尊重死者。

掌聲對於華人的安息禮亦有「不敬」的感覺，因為掌聲一般代表愉快。而死亡在中國人的眼中是人生最大的不幸，所以只有呈現哭喊的舉動，才代表你在心理上與死者連結，尊重死者，以至是孝順的兒女。

尤其是很多來自破碎或不幸家庭成長的孩子，在安息禮上這種「唔好受及難過」的情緒尤其明顯，心理上不自覺間接向至親表達他們的「孝順」。

陳敏兒

要跟從孔子的哭喪，還是莊子的鼓盆而歌，真的視乎各人自己的死亡觀，我認為喪禮是哀傷治療的重要療程。

就以我為例，當進入智叔的安息禮場地時，我看見四週擺滿鮮花，來賓穿著素色衣服，神情凝重，就在這牧師帶領家人在智叔的棺木旁祈禱時，我霎時情緒崩潰了，哭至無法控制。站在身邊的兒子嚇得不知如何反應，看見平時堅強的母親，從父親發病、去世、應對傳媒、處理喪禮等等一切事務上，都是極度冷靜，但卻在安息禮開始前的那刻突然失控了。因為那刻，我真實地意識到我的丈夫已經去世，我要接受並確認死亡這個事實，這正是哀傷治療的關鍵部分。

我們的社會文化，哭泣是令人抗拒的軟弱行為。然而在喪禮中，哀傷是被允許的，所以我們可以名正言順，毫無顧忌地流淚哀悼，不用再抑壓情緒。

我的小兒子諾諾的安息禮，又是另一種氛圍。我刻意裝飾成生日派對般，掛滿汽球，在他的生平片段中展現出他那些可愛搞笑的行為，引得大家哄堂大笑。我和智叔這對父母聽著這些笑聲，不禁引以為傲，看，我們的孩子多棒，喪禮都能逗笑大家。我們的心都被這些正能量安慰了。

喪禮的笑與淚都是有意義的，都是充滿愛的道別。

生之聯想

1. 在安息禮中「拍掌」，甚至「笑」都並非華人傳統喪禮的表現，你又如何看待這些舉動？試分享看法。

2. 作為生者，你怎樣理解出席安息禮是和逝者之間的一個「療程」？用「療程」來形容出席安息禮，你又有什麼新的體會？

善因篇－沒有死亡，
不等於就是「活著」

有些人活到60歲，但當中只有20年是「活著」的，因為他們大部份時間都不知道自己在做什麼，只是漫無目的地存在。有些人則清楚自己想要做什麼、應該做什麼，他們可能年紀很大，卻活得很年青。

全球人口老化已是世界性的問題，預計到2050年，全球滿六十歲人口比例將增至22%。在政府、傳媒、及各機構大力鼓吹下，人們對『老』這個字望而生畏。

許多人對於年紀大的確存在偏見，他們盲目地追求延遲衰老的方法，拒絕接受『生、老、病、死』的現實。他們大都恐懼年紀大了就不中用，誤以為在社會、家庭失去了價值，沉淪在自怨自憐的生活中。

近年來，許多機構都成立了老人服務，希望他們有更多的活動去享受人生。只要人們願意尋找，無論在那個人生階段，都可以發掘新的才能及興趣，問題在於他們是否願意改變自己固有的觀念。

人生在世，總有一些未知的、有趣的事物值得我們學習、總有一些有智慧、有賢德的人值得我們效法。不斷學習新知，尋求各種令自己成長的機會，是沒有年齡限制的。想人生更美好、更有意義，秉持『活到老、學到老』的精神是延年益壽的良方。

借 °死 ,, 談 °生 ,, 幸 福 生 活 的 選 擇 。

第二章

將我淹沒的內疚感

陳敏兒

看著兒女離世，是人世間最大的悲痛，尤其是那些還未出世便失去生命的胎兒。他們在現時的醫務條例中被定義為「醫療廢物」，不會把這些胎兒交還父母，讓父母安排殮葬或置辦靈位，説得難聽點，是「死無葬身之地」，只會如動物屍體般送往堆填區。

不過，孩子在母親肚裡孕育成長時，已經與母親的生命結連，那個胎兒對母親來説並不是「醫療廢物」，而是確確實實的生命，失去他們的打擊等同於奪走母親的盼望。

而我在置辦幼子諾諾的喪事時，替諾諾化妝的殯儀師跟我説：為小朋友置辦喪禮往往都充斥著無以名狀的哀傷，深深感受到白頭人送黑頭人的悲痛，那種難受更甚於成年人的喪禮。

因為逝去者是在生命開始不久就告別這個世界，沒有人接受到這個不合乎常理的現實，所以哀悼的時間會較成年人的更長，對逝者更加不捨、心情更加難以平復。

李志誠

「失胎」被視為「醫療廢物」是不合理，因為孩子在未出世前，就已經與母親血肉交融，彼此是共生共存，這種生命結合的感受是連孩子爸爸都無法領會。

因此，不論孩子是在那個年齡階段離世，母親的難受絕對是無人能及的，而且除了莫大的哀傷外，母親還會對孩子的離世產生內疚，因為母親往往會將孩子的死歸咎於自己身上，認為是自己照顧不周所致。

在自責的情緒影響下，別人有意或無意的眼神，都會使母親懷疑他人是否在批評自己，連為孩子提供最基本的健康成長環境都做不到，是位不稱職的母親。

陳敏兒

這種內疚感我深有領會，想起當初知悉諾諾患上血癌時，那股內疚感完全將我淹沒。我會認為諾諾的病患是源於我的照顧不周，因為孩子這麼年輕，一切的起居飲食都由我負責，他患病的原因不是因為我，還會因著什麼？

因此在諾諾發病直至離世後，我都對自己有無盡的自我控訴、自我怪責，甚至自我折磨。

 生之聯想

1. 你曾否出席孩子的安息禮？試講述當時你的心情，尤其是和出席成人安息禮的分別。

2. 安慰逝去孩子的父母特別困難，你在這方面有沒有什麼反思及建議？

我根本什麼都無法掌控

陳敏兒　我自認是位怪獸家長，由孩子出世開始，我都一絲不苟地安排他們所有的起居飲食，完全控制他們的生活習慣，彷彿一切都能在我的掌控中。

因此當諾諾患上血癌時，我就開始自我懷疑，不停胡思亂想：是否上次裝修屋子時，讓諾諾聞到有毒的氣體？自己是否用了有毒性材料的電飯煲？自己是否⋯⋯

種種無厘頭的自我質疑泛濫在腦海中，即使醫生明言，諾諾血癌的原因連科學研究都無法查實，我亦不相信，內心彷如陷入死循環，不斷控訴是自己引致這件不幸事發生。

李志誠　英文有個詞彙 "cause and effect"（因果關係）。在我成長後，發現因與果之間還存在「緣」字，由「緣」加「因」才等於「果」。

「緣」的意思是：我不可控制、我不知情、我不知道的「引力」，這個引力會直接影響「果」；而「因」的意思是：我們相對可以控制的50%，我們只要盡力經營，有50%會引發「果」的出現。

當明白「果」是基於「因緣」產生，就意識到自己是無法完全控制「結果」的走向，那麼為何還要怪責自己呢？

我們需要保持「不自責的甘心承擔」心態，因為任何的「果」都是受到無數的「緣」影響，這些「緣」不是在我們控制的範圍裡。我們只可以盡力做好自己的「因」，並且甘心承擔「果」無

法出現的責任，以另一個面向領悟「緣」如何影響事情。

如此就能夠慢慢走出自責的困局，將這種人生觀深化成身體細胞的一部份，當面對生活的無常時，更處之泰然、自在面對。

陳敏兒

可惜我那時仍未掌握這個道理，我就是執意做個好媽媽，孩子患了重病，我也要拼命去力挽狂瀾。我差不多20小時待在醫院，讓諾諾在病房裡，全程都得到我的照顧。醫生護士也勸告我，就算我不眠不休的陪伴，都對諾諾的病情無補於事。

家裡還有兩個兒子需要照顧，我又自責自己未能分身兼顧，心痛他們彷彿如有娘生，無娘教，還念念不忘他們的功課因為沒有我跟進，成績一落千丈。

我真的很想、很想將所有事情都掌握在自己手中。老公勸過我嘗試相信身邊的人，家裡有三個工人姐姐，讓大家輪更照顧諾諾，那麼我既有休息時間，又可以陪一陪兩個兒子。

但是我執念不肯，我一向不將照顧孩子的事假手他人，任何事都要親力親為；再加上覺得諾諾身旁不能夠沒有我，沒有人可以頂替我照顧他。

結果，心理壓力越來越大，身心都達至崩潰邊緣。

最後當「死亡教師」來到諾諾時，它告訴我，你根本什麼都無法掌控。

借 "死" 談 "生" 幸福生活的選擇

李志誠　諾諾的故事讓我想起一個心靈語句：「孩子是透過你來到這個世界，而非屬於你。」

每個孩子都是獨立的生命，父母不能因著愛而佔有他們的生命，認為孩子要完全聽從自己。以為孩子犯了錯便有權責罵、懲罰他們，事實上，這只會引發孩子的恐懼，他們可能為了逃避犯錯引發更大的錯誤，用錯誤掩蓋錯誤。

因此我們需要的是心靈陪伴，與孩子同行。他們犯錯時，不要直接判決他們「死刑」，反而幫助孩子領悟事情背後的意義，一起梳理事情的來龍去脈。因為恐懼只能短暫地獲取成效，而父母的任務是引導孩子自主地走正路。

 生之聯想

1. 自責往往成為我們人生遺憾的一部分，分享一個面對生活的無常時，你怎樣處之泰然，自在面對而沒有自責的經歷。

2. 直升機父母認為自己是孩子的拯救者，你覺得如何才能轉化家長這種不健康界線？

善因篇－跨過傷痛寫下燦爛人生

有人說，生命有四個階段：生、老、病、死，沒有人能夠躲過。至於這四個階段什麼時候出現，人不得而知。何解？因為生命中存在著難以估計的變數，而交集的生命更讓眾多的變數「變本加厲」。

人們不能掌握變數，卻有能力去面對。許多人在事情出現變數時，容易變成驚弓之鳥，甚至最終對事情撒手不管，這種態度只有百害而無一利。唯有明白變數無可避免，在面對變數時冷靜處理、抓緊事情的目的去修訂往後方向，人才能活得自在逍遙、無怨無悔。

面對生命的變數，人躲不掉，甚至控制不了。人能夠控制、改變的，就只有當下。因此，真正想對生命有所承擔的，就把每個當下處理好。勇敢的活在當下、承擔你的人生，你的生命絕對比別人都精彩。別讓自己後悔的說：「要是我當時這樣做就好了！」

面對死亡、疾病，傷痛在所難免，但在傷痛之外，人生還有更多的愛與希望，生命的精彩就在於能跨過傷痛。何不勇敢的走下去，寫下屬於你的燦爛人生呢？

謙卑接受自己的不完美

陳敏兒

經歷多次的喪親後,發現每當失去摯愛的人時,會緊緊伴隨著內疚。即使每次喪親的人和事都不同,但是內疚感必定會有,往往認定自己沒有盡心盡力對待離世者,無法原諒自己。

記得有次經過麵包舖,看見剛剛出爐的蛋撻,立即就回想起曾經與諾諾的承諾,答應在他病癒後一起吃。但是直到諾諾生命的最後一刻,這個諾言都無法實現,從而有一股莫名的內疚感浮現於心裡。

這種內疚歸根究底是源於人內心的執著,總是將諾諾的離開怪罪於我的照顧不周,無論親友如何安慰我,告訴我已經是位稱職的母親,但我思緒只有滿滿的內疚。最後成功走出這個內疚的沼澤,不是我忘記了傷痛、不是我得到別人的安慰,而是因為開始願意接納自己的不足,接納自己的內疚情緒。

我認知到,世界上沒有人可以將每件事情都做到100%完美,你我都是人、都是血肉之軀,欲求控制世間的一切簡直是天方夜譚。

因此,我不再將自己放在全能、完美的位置,接納自己的確無法掌控所有,有不足的地方。同時,忘記背後,努力面前,相信自己每一天都是繼續成長中,積極讓自己選擇轉化,每天都成為一個更好版本的自己。

李志誠 觀照自己彷如觀看一塊心靈的「鏡」，從不同人事物的倒影裡，看見自己的特質。當生命有越多困難，這塊「鏡」就越清晰，更能夠發現自己生命的缺失。

敏兒從諾諾這塊「鏡」裡，觀照到自己的過份執著，領悟到如何經營一段健康的親子關係，對世界、對人多了份寬容，生命得到昇華。

故此，所有人事物的出現都是一塊「鏡」，不論順或逆都成為人生的歷程。順時，不要過份驕傲，時刻保持對生命的自省；逆時，切勿失去希望。

陳敏兒　的確，另一個幫助我走出沼澤的，是信仰。在基督教的信念中，我與逝者必然能在天家再次相聚，為我帶來盼望，相信有一天跟諾諾可以在擁抱中互相道諒。

一個人不論有多大能力，在面臨死亡時都束手無策，正因如此，令我學會謙卑、接納，和放手。

李志誠　死亡這堂課讓我領悟到兩樣寶貴的生命意義。

一是臣服於天地。人生要學習「天人合一」明白世界是無法撼動，不管你的生命如何精彩，都無法逃脫自然的定律，唯有放下心中過自大的「我」，發現到世界這個「大我」，如此才能活得自在。

二是經歷愛和被愛。"Love is the answer"，我們無法將所有事情都做到盡善盡美，從古至今都沒有人達到完美的境界，唯有接受"imperfectly perfect"，從而互相幫助、互相扶持，在其中找到愛的證據。

生之聯想

1. 你有否從親友離世的經歷中，改變了你待人處事的方式和態度，試分享其中一二。

2. 「人無完美」這四個字，有沒有啟發到你人生在世要互相幫助、互相扶持，從而找到愛的證據。

善因篇－不能增加壽數， 但可以為日子灌注生命

「生命不在乎長度，在乎的是深度與廣度。」這兩句話往往比「珍惜光陰」、「抓緊生命中的每一秒」更能激動人心，也更易比指責、咒罵那些因為生命短暫而縱情享樂的人醒悟過來。

「只在乎深度與廣度」，意味著不管生命的長或短，人生都能夠有發揮的空間，那怕不被世人稱羨，至少能夠為生命作一點貢獻、留下難忘的回憶。更甚者，敢於去發揮、去探索生命的寬廣，看似平凡的生命，仍可以啟發別人的一生。

有人說過，痛苦的出現，並不關乎運氣的好壞、稟性的優劣，而是因為人的「抗拒」。面對苦難、挫折，令人痛苦的泉源，就是人不願意、拒絕「面對現實」。

如果你願意接受情況不如你所想，你就不會因為接受不了「意外」而痛苦、失落。當然，沒有人想自己的生命是充滿逆境，也沒有人希望所有事情都與自己預期的大相逕庭。只是處身於今天社會，我們更應該了解到：未知數、改變，時刻都在發生。

因此許多事情與預期、計劃不同，甚至出現意想不到的結果，才是最理所當然的事。與期費心去拒絕，讓自己痛苦，何不現在就鍛煉自己的心力，去包容、面對、接納，並克服它？許多時候，當你願意接納一些超乎你預期的事情，你就越能夠覺察到生命有趣的一面。

當突發狀況出現，請試著去接受，甚至欣賞，欣賞生命的頑皮，然後挑戰自己，去適應、去克服它，讓事情變得如你所想一樣。

生命的本質或許脆弱不堪，但生命從來都不是純粹的存在。生命盛載著人的靈魂、思想與智慧，只要平衡各方所需，生命必然可以璀璨奪目、照亮黑暗。一生的成敗得失，全握在你的手裡！

不完美卻完整的人生

李志誠

人生不完美沒有關係，最重要是如何完整地生活。生命給予我們許多機遇去領悟、認識自己的不完美，慢慢學懂謙卑，接受自己的不足，明白降伏不等於無能，不代表躺平。

反而，我們要明白何為「不執著的盡力而為；不消極的萬般自在。」不須過分執著事情的結果，應該在過程中盡力而為，讓結果自然地發生。

佛學裡有兩個詞語：「執著」和「精進」。

「精進」的意思是進步，全然投入當下的工作，專注著眼於事物的過程；「執著」的意思是因緣未到，卻強迫自己要去得到。

這兩個詞語指引出完整的人生是怎樣運行的。以我為例，我對於數字不算十分敏銳，導致做生意時往往無法全身心投入，因此當出現學習的機會時我都會逃避、選擇放棄，這正正是沒有「精進」。

而今次出版這本書，記起敏兒有這些經歷，我就把握好今次因緣，「精進」了自己的工作，讓這本書更加豐富。這就是完整人生應有的態度，當因緣來到時全然投入；當無能為力時無需強迫。

我們要覺知到「人生不可能是完美的」。每個人都有自己的陰暗面，這是人性的其中部份。人性就像鑽石，由不同的角度觀看，都會察覺到不同的面向。

正如人的塑造般：關懷、慈悲、計較都是我們某一個面向。即使長期修煉的人，都無法將黑暗面消除，只是開始覺知到自己不足的地方，理解到人生是存在光明與黑暗。

覺知到這個道理後，當我們看見他人呈現黑暗的一面時，就不會無理地批判，而是陪伴他渡過這個陰暗面，好似鑽石在展示櫃旋轉般，將自己好的面向呈現出來，讓別人在關懷中得到釋懷，學懂接納。

陳敏兒　我想所有人的天性，都渴望自己完美，人生美滿，但正如你所講，我們要覺知到這是不可能的。

我經歷多次的生死離別，以及輔導別人走出哀傷後才逐漸明白。人生必然有「充足」和「不足」的地方，這份覺知亦使我不再陷入內疚的羅網裡。

李志誠　接納自己的不完美，以及覺知到世界上沒有人是完美，才算真正學識包容自己的缺點，以及他人不足的地方。這就成功解開自己的「執著」和「內疚」，活出不完美但完整的人生。

借"死"談"生" 幸福生活的選擇。

生之聯想

1. 我們生活中都有不少大大小小的「執著」，反思一件自己最執著的事情，這件事對你人生帶來什麼正、反面效果？

2. 學懂接納別人的不完美，是人生重要的一堂課，分享你接納別人不完美的一次經歷。

善因篇－不是現在，更待何時？

在很多電影劇情中，百餘分鐘的故事便演盡人生的起承轉合。故事的精彩往往在於它有「結束時間」。因為有結束，主角的「人生」因而濃縮起來，在緊湊下顯得精彩。

生命亦然。因為有結束的時候，即死亡，所以我們要活得精彩。怎樣才能擁有精彩人生呢？正面面對死亡是第一步。

對東方人來說，「死亡」從來都是禁忌。孔夫子謂：「未知生，焉知死」，因此，大家都急著處理在生事宜；今天，科學發達了，思想、觀念被更新了，人們懂得為人生長遠策劃了，然而，對於「死亡」仍然停留於欲言又止的地步。

「害怕死亡」的心情絕對值得體諒，只是為什麼人「怕死」呢？其實害怕的不是死亡，而是害怕帶著遺憾、留下餘恨離開、自己有些事情未曾完成。

本世紀初，社會曾經高喊過「死亡無懼」。然而都是雷聲大雨點小，一段時間後彷彿又變得「風平浪靜」。

這個浪潮其實沒有失敗，它的出現為人面對死亡的態度開啟了一扇門；而它的靜止則為面對死亡提供了反思的機會，我們需要更具體的方法去面對死亡，而不單單停留於討論層面。如果因為「遺憾」而讓人害怕死亡，那麼就別讓遺憾成為人生一部份。

列出你生命中期望完成的夢想、理想，甚至胡思亂想，無論是短期或長期、小型或大型的，都別遺留。當然每當你想到新的夢想時，都可以更新這張「無憾

列表」。然後設定完成時間。

緊接著的是最重要的環節：想辦法完成它們。或許有些夢想未必能一天半月完成，那麼就把握時間、鍛煉一下耐性。讓人生了無遺憾，將會是「無懼死亡」的開始。

與其等到無能為力那天不想放手，何不今天起就努力去達成夢想，去創造屬於你的成功，寫下精彩的新一頁？

體貼我們需要的神蹟

陳敏兒

經過兩年多的抗癌歷程，醫生宣告無法治癒諾諾的血癌，孩子要進入人生倒數。由於他一直都恐懼住醫院，既然不再有療程，我選擇不讓他留院，接他回家好好跟家人一起度過最後的幾個月。但是醫生勸告我，若諾諾在家離世，我們可能遇到難以面對的狀況，例如，他可能會抽筋，可能會全身出血。

聽到醫生的描述，想像一下那些場面，我已經心碎了。當時，我處於兩難的抉擇，想到諾諾人生最後階段都要每天愁眉苦面的在醫院度過，我也是不忍心和不情願。最後，我還是接諾諾回家。

那時，面對不能逆轉的死亡通牒，我願意順服；但我祈求天父憐憫我這個脆弱的母親那份愛子之心，請祂就在時候到了的那天，用祂溫柔的手帶諾諾回天家。

4月4日兒童節晚上，我如常帶諾諾遊車河，滿足他想去街街的渴望。那段日子，通常出門不久，他就疲倦得在車上睡著，不過這晚很特別……

當車駛出獅子山隧道往彌敦道進發，諾諾仍然精神奕奕，他滿帶好奇地看著街上的霓虹燈，彷彿要把世上的風景好好盡看一回，我心中已有預感，大概他離世的時候到了。

回到家他一直睡不著，呼吸慢慢變得急促，我看著很心痛，我跟他商量不如去醫院吸聞氧氣，令他可以舒服一點。一向抗拒住院的諾諾竟然點頭應允，我心裡真的感激他善體親心。

入住病房後，我和智叔在病榻兩旁各自握著諾諾的小手，輕聲唱著他最喜愛的詩歌「耶穌愛你」，陪伴他安心上路。

當我正撥打電話通知工人姐姐，帶兩個哥哥來醫院與諾諾道別，智叔突然跟我說：「諾諾走咗啦」。

我抬頭看見閉上眼睛，面帶微笑的諾諾，那像是一個死人？那是一個天真可愛的小天使......

是的，他真的走了，帶著微笑走了。是的，天父用祂溫柔的手帶諾諾回天家了。

是的，祂送了我一個神蹟，謝謝祢。

借 "死" 談 "生" 幸福生活的選擇。

 李志誠

我們的生命是互相連結，死亡並非只是逝者個人的事，而是牽動著身邊所有與他有關係的親朋戚友。

剛才敏兒提及的神蹟，有時會以醫治的方式出現，有時是體貼我們的需要。而神蹟之所以使人為之一振，是因為神蹟啟發我們對生命新的見解，明白到「接納生命中的不完美」，謙卑承認自己的不足，最後認清恐懼的根源，領悟到生命的真正意義。

 生之聯想

1. 無論信不信有神蹟，我們或多或少都經歷過值得感恩的事，分享一件最近值得感恩的事/神蹟，這件事對你有什麼啟發？

2. 人的生命是互相連結，分享一位最近離世者對你生命帶來的影響。

借"死„談"生„ 幸福生活的選擇。

感受滿滿盼望的安息禮

陳敏兒 面對親人離世，不少人都沒有經驗不知道如何籌備喪禮，以為只能跟從既有的程序進行，其實可以不受束縛。

現在不少喪禮都走向個人設計化，不一定具備傳統的儀式。有些甚至將兩個不同宗教風格結合。

我為諾諾設計的喪禮，場地掛滿藍、白色的氣球，彷如一片蔚藍的天空，會場充滿童真和溫馨，毫無半點哀傷氣息。

我又邀請了教會的兒童敬拜隊和兒童詩班獻詩，讓安息禮的過程充滿孩子的歌聲。而且挑選了《雲上太陽》這首詩歌，散播正面的訊息，來賓從歌詞裡感受到滿滿的盼望。

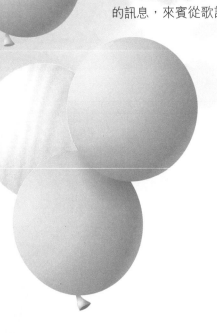

李志誠

個性化的安息禮是喪親者的心意，表達對離世者的回憶和祝福。而這種個性化的設計，與傳統的禮儀未必有衝突，因為傳統喪禮的目的，是向離世者表示尊敬和緬懷；個性化的設計只是在傳統的儀式上，加入喪親者與離世者珍貴的記憶片段，期望蒞臨的來賓看見離世者不一樣的面貌。

敏兒談到這個性化的喪禮，也啟發了我想為自己的喪禮設計特別環節：在我喪禮的靈堂外，會擺設一張「13笑」的照片，讓來賓看見我的13種笑容。並且在喪禮上播放一首「我的歌」，裡面選的都是我喜愛的歌。

我希望來賓不只是簡單參加一場喪禮，而是在喪禮中更加認識我，在一場 "the last party" 中坦然送別。

借"死"談"生" 幸福生活的選擇

陳敏兒

在智叔的喪禮上，我選擇"Auld Lang Syne"作開場音樂，因為智叔曾經拍過一套電影，扮演一位黑社會的叔父，這個角色經常通處殺人、清理門戶。每當他身後的跟班在殺人時，智叔就會拿出口琴吹奏"Auld Lang Syne"，這幕是智叔演藝生涯的經典片段。

我因此有了靈感，找了這首歌的中文版「友誼萬歲」，再安排兩個兒子用口琴去吹奏，之後邀請全場嘉賓起立合唱。

這首歌除了對智叔有特別的意義，對來賓都會產生共鳴，因為歌詞的主題是圍繞「道別朋友」，大家在合唱時，除了會連結到智叔演藝的光輝時刻，更能藉此歌道別智叔。

到喪禮最後，扶送木棺離開教堂時，我以"My Way"作離場音樂，紀念智叔臨終時對跑步的熱忱。

生之聯想

1. 你希望自己安息禮的場地，會有怎樣的佈置？這些佈置
   對你有什麼意義？

2. 你會選擇那一首歌曲或音樂，在自己的安息禮中播放？
   這首歌曲或音樂對你有什麼回憶？

善因篇－為死亡感恩、
向生命致謝

生老病死是生命自然的定律，若是逃避思考它，只會令你變得懦弱膽怯。死是屬於生的一部份，不再畏懼死亡的可怕。死神只不過替生命劃了分界點，使生命有了具體而實在的界限。

死亡可以說明生命的意義，這正是為什麼每個走到死亡邊線然後又甦醒的人，都建立一套嶄新而又清楚的價值觀。他們都發現本來認為非常重要、拼命爭取的東西，現在卻變得一文不值了。

正是因為生命的短促，而又不可復得，才有著無法替代的價值。人生變幻無常，我們必須趕緊點燃生命的火花，把時間燒成灰燼。如此才能在電光火石之中看清楚生命的本相，這是何等奇妙！

對生命的恩賜越真誠地感恩，就越心平氣和。因此，感恩是值得練習的。朋友、家人、過去歲月中的老師、導師、同事、幫助過你的人、以及其他無數的人。還有或許也要感謝賜給你生命，或是創造大自然之美的上天。

最貼心的道別和祝福

陳敏兒 其實不是公眾人物才可以有個性化的喪禮，我聽聞過千奇百怪的喪禮。有在殯儀館外舉辦書法展，因為逝者生前喜愛寫毛筆字，希望以書法紀念她的離世；有的煮了一煲老火湯放在靈堂中，因為逝者生前煮的「啊媽靚湯」非常滋味，後人便跟足材料照煲，讓蒞臨的人透過品嚐熱湯，回憶起點滴。

之所以出現各式各樣充滿創意的喪禮，歸根究底，是生者對逝者的思念，期望將逝者的生命呈現在現實中，表達出逝者在生命中的重要性。

這種追緬的方式在輔導的角度來看，也算是種治療，讓喪親者的親朋戚友能夠在喪禮上，直接看到、感受到離世者生前的人生而作最後的道別。

但話得說回來，很多喪家置辦喪禮前後都會出現爭執，因為籌辦喪事的過程已經令他們的心情沉重，若彼此以往有未處理的嫌隙，便很容易在這過程中表達出來，演變成不愉快的爭執場面。

曾經有位基督徒男士離世，兒子要為父親舉行基督教儀式的安息禮，但母親執意要在靈堂上為丈夫舉行破地獄儀式，導致在籌辦喪禮的過程中母子爭論不休。

幸好兒子認識的牧師的一番話，解開了他的心結：「你如果相信啊爸係基督徒，就唔會因為喪禮上進行咗破地獄儀式，你父親就上唔到天堂。」

兒子因此而得以釋懷，明白喪禮是為生者帶來安慰，不應該因為喪禮形式而傷害彼此的感情。

李志誠 最理想的做法，是逝者的親人溝通後達成共識，確立喪禮是以那種儀式舉行，避免矛盾。

如果無法達成共識，各自要以不同方式置辦喪禮，那麼喪親者之間要理解對方，即使未必認同對方的作法，但是思考一下：離世者是否希望親人因著自己的離開而爭執不休。

因此，選擇那種的喪禮儀式並不是關鍵，最重要是喪親者彼此的理解和支持，用愛去準備這場道別，才是對離世者最貼心的祝福。

生之聯想

1. 你認為各種喪禮的「傳統儀式」重要嗎？你對「創意」的喪禮有多大的接受程度？

2. 設若親人對喪禮儀式爭持不下，你認為可以根據什麼原則解決？

生命的新發現

陳敏兒

經歷了諾諾的離開，可以說我「脫胎換骨」，由操控欲強的人、怪獸家長，開始願意放手、降伏、謙卑、不再操控。

記得大兒子兩歲多時，我問智叔：「不如生多個陪下佢？」他竟然眼泛淚光，說：「我諗吓都驚啊，要生多個……」那滴眼淚包含了數之不盡的委屈啊！

反思到自己一切瘋癲行徑的根源，都來自執著的控制欲和完美主義。死亡這位老師教懂我，人原來是那麼的脆弱和渺小。當病患、死亡「殺到埋身」，你的完美計劃和滴水不漏的保護罩，全部都顯得無能為力。

以前總是拼命執著，因著害怕失去控制感。現在深明世事無常，變幻才是永恆的真理，我學懂了放手。

李志誠

諾諾離開讓敏兒由恐懼轉變成勇氣、由執著變得臣服。臣服看似是消極的詞語，但正因著謙卑的臣服，敏兒才有勇氣去生活。從而願意放手，不再以自我為中心，彷彿生出了陰陽。陰是接受事物會有不受控的情況；陽是有勇氣去接受未知的挑戰。

陳敏兒

後來我立志去做家長教育，就是為了將我從死亡中學到的告訴其他父母，不要再執著於去控制大局。我們無法去做完美的父母，孩子也不會成為完美的孩子。父母要有接受孩子犯錯的胸襟，也要有空間去承載父母自己的錯誤，並且相信父母自己和孩子都會在不斷犯錯裡得到成長。

做父母真的不要太貪心，兒女取得90分，就請不要為他們怎麼得不到另外的10分而耿耿於懷，窮追不捨。不要執著以孩子的表現當為父母自己的人生成績表。

想想，孩子們能夠健康的呼吸、成長，已經值得我們感恩和快樂了！能夠陪伴孩子一起成長已經是我們的福氣了！

李志誠 敏兒經歷諾諾的離世，轉變以陪伴作為最核心的教育觀，我十分認同。

每個孩子都各有獨特的DNA，父母無法強迫孩子成為怎樣的人，認為孩子順從自己的安排才可以活出精彩的人生。

父母需要尊重孩子，相信孩子的選擇，陪伴他們一起經歷事情的好壞，從經歷裡與孩子交流，在這環境成長的孩子才會相信父母，成為充滿自信的人。

生之聯想

1. 分享你人生中願意「放手」的一堂課。

2. 人生在犯錯中不斷成長，你從犯錯中成長的一堂課又是什麼？

借"死„談"生„ 幸福生活的選擇。

記憶猶存，生命就還未止息

文：善因生命教育學會創辦人李志誠博士

生命濃度在於家人間的相處、陪伴和照顧，就是發現愛的過程，連繫彼此的心靈。即使面對死亡也能雲淡風輕地看待，因為愛的記憶使生者充滿勇氣，無憾地向離世的親人好好道別。

三十出頭的「善心」行政總裁唐焯彬記得，17歲左右經歷了人生第一次的生死歷練。由此默默在心中種下一顆探索生命的萌芽，奠下成為「善集團」一份子的根基，關懷生者的心願，撫平他們的傷痛。

「今次係大鑊嘢啦！」這句是焯彬父親入院時，讓他至今都無法忘記的說話。當時還年幼的他對死亡不太了解，不知道死亡悄然接近父親，相信醫生能夠拯救父親的生命，終有一天雨過天晴。

焯彬期間不時陪著父親遊走各大醫院，甚至還遠赴法國就醫。但是歷經兩年的求醫奔走，最後得到的仍是父親停頓的心電圖。

「佢死嗰陣時我冇喊到，因為醫病嘅過程好長，喺一直陪伴嘅過程中知佢病情嚴重，做好咗心理準備。」

他講述父親的離開時沒有很多遺憾和愧疚，因為他清楚已經為父親做盡一切，大伯指引他在父親離世的瞬間，立即跪下叩3個響頭感激父親的滋養，他立即照做。

焯彬感恩陪伴父親走過人生最後一程，無悔、無淚地與父親道別，但是當他提到治療過程的一個片段時，卻哽咽得無法出聲。

「令我最傷心嘅並唔係佢死個刻，而係佢認得我叫番我嘅一刻……」焯彬講完這番話後久久不能言語，眼淚奪眶而出，連身邊的母親Margaret也是第一次見他哭成這樣。

他清一清喉嚨繼續説：「Daddy失憶嗰排認唔到身邊嘅人，連斟水都做唔到。嗰陣時同佢去商場，佢會突然失禁，同佢一齊我感覺好辛苦。直到佢做完腦內壓手術後竟然恢復番記憶，叫得番我個名，我好感動，認為一直陪伴佢係值得嘅。」

焯彬了解到，分離不是基於距離、時間、生死，而是被你愛的人遺忘了，忘記過去的一切。

有這個想法，源於他自小就讀於廣州寄宿學校，很少機會與父親相處，維持父子感情的關鍵，全因彼此之間互相關懷的回憶。

記得一次父親深夜回家後，還在大廳打掃。年幼的他坐在沙發上默默陪伴父親。父親關心叫他休息，天真無邪的他

回應：「我瞓咗就冇人陪daddy㗎啦。」卓斌父親把這句簡單的童言記著，經常向人提起此事，並自豪道：「呢個仔特別抵錫！」

焯彬無憾面對父親的離開，卻為父親恢復記憶而落淚，因為「記憶猶存，生命就還未止息。」只有無法再創造、緬懷記憶，才是人生最大的悲痛和無奈。

經歷父親的求醫、失憶、恢復記憶到離世，整個陪伴的過程，讓焯彬了解到生死教育的關鍵：在生時盡孝。

他能夠無憾地面對父親的離去，源於他在父親在世時，將所有需要做的事都做到極致，盡全力倍伴父親，無論過程多麼辛苦，他都咬緊牙關統統跨過。

坦然道別不是口號，而是珍惜親人在生時，花多些時間創造共同回憶，憑著愛的點滴就能夠承托死亡的重量，好好地道別。

借 "死" 談 "生"。 幸 福 生 活 的 選 擇 。

第三章

逃避還是避不了

陳敏兒

1992年的農曆新年，父親和同事前往歐洲參觀展覽會。在那個年代前往歐洲並不如今天般普遍，所以他滿懷期待，彷彿完成了人生一件心願。

母親極力勸阻他，因為剛出來的驗身報告顯示，父親的心臟需要進行通波仔手術，更不適宜遠赴嚴寒的歐洲。但是父親心意已決，甚至揚言：「我寧願死都要去！」這番意氣說話竟一語成讖。

出發那天，全家都到機場送機。我買了一件厚厚的大衣給他作歐遊禮物，看著他滿面笑容的上機，心中亦為父親高興。誰料到這是一份最後禮物。

大約十日後，收到哥哥的電話，劈頭第一句說話令我如遭電擊：「阿爸喺法國心臟病發死咗！」

我彷如跌進了夢境，分不清是真實還是發夢，這個消息實在過於震撼。

震撼的感覺是源於發生了「意料之外」的事，毫無預備地接收突如其來的消息，導致自己不懂反應，甚至出現敏兒的狀況：意識和身體都彷彿停止運作。

當生命面對這種狀況時，要深呼吸，接納事情的發生，不要認為意外是源於自己的疏忽，因為人往往容易陷入自責、內疚，將意外的發生歸咎於自己身上，但事實卻不一定如此。

因此，我們要接納意外是生活常態，明白「因果」還存在一個概念：「緣」。我們只能控制當下的「因」，「緣」的無常是我們無法控制，所以坦然接受無法預知的「果」，才能適應意外產生的難受。

陳敏兒

跟父親歐遊的叔父們很體貼，已經打點一切，準備安排父親的遺體從巴黎運回香港。但我們三人竟然異口同聲表示：「唔好運番嚟，麻煩你哋幫忙喺巴黎火化。」

我明明有能力和時間飛往巴黎為父親奔喪，但我竟選擇不去送別父親，陪伴他走最後一程。

這個決定是我人生中最大的錯誤！為何我如此不孝？！我不愛父親嗎？！連他的身後事都草草了事？！

答案是：我不敢去面對一個已死的父親。

借 "死" 談 "生" 幸福生活的選擇

李志誠

人生有兩大堂課，一課稱為「失去」，好像敏兒失去父親；另一課稱為「失敗」，意思是做了錯誤的決定。

在我們成長教育中，老師、父母都教導我們良好的價值觀，指引我們邁向完美、成功。但是卻沒有考慮到，人生中並不是所有事情都能夠達至完美，導致我們無法接受失敗的出現，為了達到社會認定的「成功」，將自己扮演成不真實的人。

因此，敏兒要接受自己沒有奔喪的錯誤，透過這件事領悟到生命是不完美的，以「不自責的甘心承擔」來面對這次選擇，慢慢明白「失去」和「失敗」並不可怕。

陳敏兒

我實在太愛父親，突然失去他簡直等於摧毀我所認知的世界。

這樣不幸的事突然發生，我們不肯接受、不肯承認「爸爸死咗」，彷彿沒有親眼目睹他的遺體，父親就不算是死了。

沒有好好道別，令內心的傷痕在很長一段時間都得不到癒合。

 **生之聯想**

1. 分享一件遭遇「意料之外」的大事，你當時的反應及狀況又是怎樣的？

2. 逃避是人生經常遇到的問題，你有沒有因為逃避而作出錯誤的決定？這堂課對你又有什麼啟發？

善因篇－緊急，但不重要；不緊急，卻很重要

我們熬夜、早起，避開享樂，每天總像有緊急的電話要回覆，完成不了的計劃，做不完的工作……其實我們都擁有一個「待辦籃」，它「盛載」著尚待完成的事。時刻都有增添的「緊急事項」需要去處理，舊的事情剛做完，新的又接踵而至。因此籃子永遠無法淨空。

面對每天緊湊的工作，我們通常會說服自己，對於待辦事項名單的著迷只是暫時的，一旦做完了這些事，就能與所愛的人享受輕鬆安逸的日子。事實上，這種情況卻鮮有發生。

「緊急」的事往往把能滿足自我的慾望壓在籃子的最底層。不論你是大人物，或者正在做什麼大事，記著，沒有什麼事比你和你所愛的人的幸福和內心的安寧更重要。如果你固執地做完所有的事，你永遠不會得到幸福！

在你離開人世的時候，還會有未完成的事情需要照料。知道嗎？會有別人來代替你完成的！不要浪費生命的寶貴時刻，來為不可避免的事情惋惜。問問自己，對你來說，甚麼才是最重要？現在的生活能讓你真正滿足嗎？

甚麼才是最重要?

用憤怒去掩蓋悲傷

陳敏兒　人在極度傷心下會做出許多不可理喻的事，情緒會不自覺被放大，理性會變得薄弱。

在父親的追思會上，我看見母親竟然臉帶笑容與父親的老闆寒暄，這個舉動讓我極為不滿，這是緬懷父親的時刻，我們應該哀傷悼念，怎可以還跟別人應酬社交？！

追思會當天早上，丈夫也惹怒了我，我們家有兩輛私家車，一輛紅色，一輛黑色，他竟然駕駛紅色那輛車去會場！怎麼如此不識大體？！以「紅色」來送別父親？！

死亡激發了人內心最底層的哀痛，當人承受不了這股哀痛時，就會把哀痛扭曲成為憤怒，彷彿全世界都得罪了自己，什麼事都衝著自己而來，如此，我便可以把憤怒情緒向外宣洩噴發，比較起令我心淌血的哀痛，發脾氣反而會令我更好受一些。

當然，我們並非有意識去用憤怒掩蓋哀痛，但如果能有一份覺察去明白自己情緒的來源，就能更理性地處理情緒，不會隨意怪罪外在的人事物，避免破壞關係。

加上在處理身後事的時刻，人會特別的執著，因為總是希望能夠為逝者多做一些事，並且希望做到最好，做到完美，來減低死亡帶給我們的無力感。所以若辦不到，無力感便更大，負面情緒就很容易一觸即發。

李志誠 你説得對，很多時這環境沒有改變過，真正改變的，只是自己的情緒樞紐失去了控制和防禦力，一點點的不如意就燃起憤怒的情感。

我們大腦很多時有一種意識形態：偏見，是基於過往的經歷，或者社教化過程定義某些人事物。例如紋身在過往的傳統觀念，會被視為是黑社會的象徵，但現在卻成為表達藝術的其中形式。

因此，我們要反思自己在與別人相處上，是否也帶有某種偏見，誤以為別人要包容自己的脾氣、要忍受自己的情緒。

我們要小心存有這種偏見，加強和家人之間的溝通，在溝通的過程中多分享各自的生活、心情、不滿，不斷練習如何表達情緒，從而瞭解對方的真正需求。

生之聯想

1. 極度哀傷很容易激發起我們無名的憤怒情緒，你有否遇到這情況？發洩後有否給你帶來反思及啟發？

2. 社會對紅白二事都有一些「約定俗成」的代表顏色，你認為這些顏色重要嗎？

想哭便哭吧！

李志誠

一場有笑有哭的喪禮才算是完整的喪禮。

笑，代表你讚賞和肯定離世者的人生，尊敬他在我生命中出現過的痕跡，從而表達道謝和道愛。

哭，代表你不捨得對方離去，感覺還有許多遺憾未曾完滿，因著彼此之間曾經出現的磨擦而道歉、道諒。

流淚也分成不同種類：有一種是不習慣的淚，這種淚是純粹離別的眼淚，即使知道對方是基督徒，死後進入天國得享安息，不過看著熟悉的人無法再呼吸、相見，心中的不捨還是會觸動到淚腺；而另一種淚就如剛才所講，內疚的眼淚，彼此還有心結尚未解決，這種眼淚是遺憾。

但根據我的觀察，完成喪禮並不代表傷痛就此減退。

陳敏兒

絕對是，喪禮的結束，才是哀悼的正式開始。

在籌備喪禮時，喪親者有實質的事要辦理，會分散對傷痛的注意力。我在籌備父親的追思會時，自己全情投入去為爸爸做一些事；但是追思會完結後，再已無事可做了，整個人就崩潰了。

追思會結束的下午，我回到家一直呆呆地看著父親的遺照，一直掉眼淚，母親著急的問我：「阿女，你冇事啊嘛？」我意識到自己對爸爸的哀悼才真正開始，因為，我終於接受了爸爸已死這個

事實了，我終於連結到內心那份真實的椎心之痛了。

古人所講「守孝三年」，這種古老的智慧真是不虛，撫平死亡的傷感，原來的確需要這麼長時間。我們需要時間來幫忙，讓身體、情感、思緒慢慢適應「失去」。哀傷的歷程，真的沒有捷徑。

不要急著去找止痛藥，快快化解哀痛，也不要批判自己的哀傷和流淚。

哭，其實也是來幫忙療癒哀傷的。人唔傷心就唔流淚，傷心，正是因為有愛，心中有愛才會流淚，正如英女皇的名句：「悲傷，是我們為愛付出的代價」。

我鼓勵喪親者接納自己的眼淚，除了是因為將情緒抒發出來，有利身心健康，重點是讓他們藉著眼淚去連結自己內心對逝者的愛，欣賞自己對逝者的情，藉這份愛的能量去療癒自己。抑壓哀傷情緒，只會延長哀傷的歷程，甚至會導致更嚴重的抑鬱。

 生之聯想

1. 至親離世，回憶你最難過的是那一段時間？有沒有特別的原因？

2. 「哭是抒發情感的表達」這句説話，是否跟你從小的學習吻合？你現在又怎樣理解這句話？

接受遺憾是生命的一部份

陳敏兒

父親突然離世，我心中彷彿有個無法填補的是黑洞。莫明奇妙地，我收養了一隻小狗，也許，想把來不及向父親表達的愛轉移到小狗身上。不幸地，小狗與我相處不足一個星期也離世，我又再次受到打擊，身邊的一切美好好像都會離我而去。

然而，我並未有覺察其實我需要好好療傷，反而又再次用感性去做了個更重大的決定：我要生孩子！

懷孕之後，我刻意在家放滿父親的照片，希望藉胎教令孩子長得像我父親，好讓我撫養孩子的同時，可以補償未能反哺照顧父親的遺憾。然而，將對父親的愛投射在兒子身上，同樣會把父親突然死亡帶給我的創傷和驚嚇，延續下去，令我在育兒路上充滿焦慮。

李志誠

敏兒這個選擇可以理解成「情感歸宿的轉移」，把對父親的愛轉移到愛兒子上。這種感情的投射是不健康，因為每個孩子都是獨立的個體，他們有各自的性格、愛好，不可能完全複製別人的特質，而且這個做法實際上是種逃避。

上天給予我們的經歷都是一堂學習的課，期望我們在當中領悟到某些人生道理，曾經聽過一番說話："Every experience has a lesson behind. You need to discover and learn from it. Otherwise, the lesson will come back."

我們不能逃避人生的苦難，一旦逃避，只會導致這個苦難再次發生，因此直視和面對是釋懷的唯一途徑。

陳敏兒 未有梳解的情結，再加上產後荷爾蒙的影響，兒子出生後，我的表現接近瘋癲，彷彿一隻剛生產不久的母老虎，任何一位想接近兒子的人，都被我推開。我感覺孩子小小的生命看來是如此脆弱，我必須好好保護他。連我母親、奶奶，大嫂原定來陪我坐月，支援我照顧兒子，統統被我拒之千里。

總之一切關於照顧兒子的事情，例如：換片、餵奶、洗澡，我都不肯接受他人的幫助，甚至簡單如給別人抱一下孩子，我都感到焦慮，生怕他們會傳播細菌給孩子或者會不小心傷害孩子，充滿災難性思維。

後來才明白，除了那份扭曲的愛，我更將那份害怕再次失去親人的恐懼，完完全全投射在兒子身上，因為我仍然不能接納父親的離世。

這個世界上沒有人是可以被取代的，任何人都是獨一無二，失去了就無法補償，我們只能如實去接納生命中的遺憾，才可以走出哀傷，才有能力開展人生另一篇章。

 生之聯想

1. 你曾否因為失去了一個人或一件物件而找代替品作為投射？結果怎樣？

2. 時間是克服失去人或物的傷痛良藥，你用了多少時間才克服這傷痛？在未完全過渡的時刻你是怎樣渡過的？

善因篇－沒有死亡，
不等於就是「活著」

有些人活到60歲，但當中只有20年是「活著」的，因為他們大部份時間都不知道自己在做什麼，只是漫無目的地存在。有些人則清楚自己想要做什麼、應該做什麼，他們可能年紀很大，卻活得很年青。

全球人口老化已是世界性的問題，預計到2050年，全球滿六十歲人口比例將增至22%。在政府、傳媒、及各機構大力鼓吹下，人們對『老』這個字望而生畏。

許多人對於年紀大的確存在偏見，他們盲目地追求延遲衰老的方法，拒絕接受『生、老、病、死』的現實。他們大都恐懼年紀大了就不中用，誤以為在社會、家庭失去了價值，沉淪在自怨自憐的生活中。

近年來，許多機構都成立了老人服務，希望他們有更多的活動去享受人生。只要人們願意尋找，無論在那個人生階段，都可以發掘新的才能及興趣，問題在於他們是否願意改變自己固有的觀念。

人生在世，總有一些未知的、有趣的事物值得我們學習、總有一些有智慧、有賢德的人值得我們效法。不斷學習新知，尋求各種令自己成長的機會，是沒有年齡限制的。想人生更美好、更有意義，秉持『活到老、學到老』的精神是延年益壽的良方。

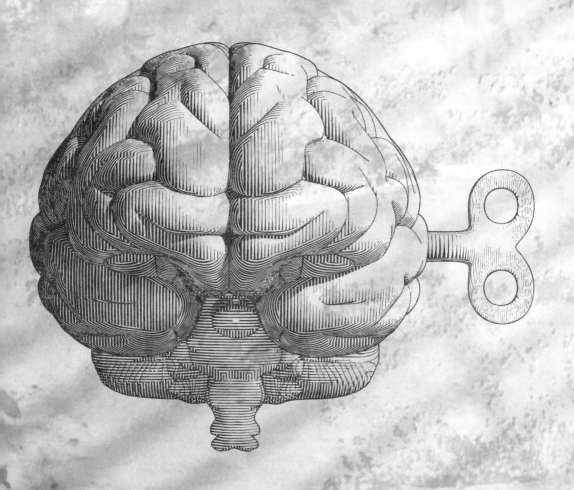

將冰山坡劈開的寬恕

陳敏兒

我自幼便很崇拜哥哥，但隨著成長過程中發生了很多事情和誤解，使得我們的距離越來越遠，正因為懼怕破壞關係，從來都不夠膽去觸碰大家的心結，更遑論去溝通化解。

哥哥2013年在睡夢中突然離世，我精心為他製作了一本甚具特色的紀念冊，並在他的安息禮中負責述史。然而，我發覺自己的情感是麻木無感覺的，無悲無喜，説不想愛，也説不上恨。

李志誠

沒有人會對死亡是無感覺的。死亡導師的力量實在太大，大到你不敢面對，大到你選擇"disconnect"、"turn off"，用麻木來蒙蔽心中的確實感受。你以為自己沒有感覺，事實是你有未解開的心結，窒礙了內心能量的流動，所以連結不到真正的感受。

陳敏兒

的確如此。最近我參加了一個梳解心結的課堂,我選擇與哥哥這段關係來做實習。我安靜默想,探索哥哥的死亡為我帶來的感受,我發現自己的內在有如冰封了的湖,完全沒有感覺,沒有感受。我一向都是個情感豐富,並且對感覺敏銳的人,這個狀態是非常不尋常的。

我願意去探索自己的冰山最底層的部分,原來,我一直都沒有寬恕哥哥虧欠了我,我以為隨着他的死亡,什麼恩怨情仇都一筆勾銷了,但事實這份怨氣仍在,根本未有好好處理,只是理性上說服自己不可能跟一個死人計較。

於是,我決定好好陪伴我這個怨恨情緒,跟它對話,怨恨告訴我它的真身其實是愛,因愛生恨啊!我馬上連結了這份對哥哥的愛,選擇寬恕,淚水即時決堤湧出。冰山溶化了,怨恨也消失了,那一刻,對哥哥的情感和愛被喚醒了。

我對哥哥說:「哥哥,我真的好愛好愛你啊!」

借"死"談"生" 幸福生活的選擇

李志誠

我欣賞敏兒在「生命」這個課題上的不斷自我突破,認真探討生命的真諦。從你慢慢解開冰封情感的故事裡,除了看見你的勇氣,亦感受到你對哥哥滿溢的愛,開始重新流動。

你之所以會如此恨哥哥,背後其實是那不願意用言語表達的愛,因著某些誤會將愛轉變為恨,做出一些後悔的事。因此主動道諒,是人生旅程十分重要的一課,切勿讓誤會斷送彼此的感情。

道諒力量就是如此強大,能夠將冰封的關係再次修補,使我們生命的遺憾得以完滿。因此,敏兒的生命能夠重新與哥哥"reconnect",正正因著你願意解開心結,放下怨氣,讓愛可以再次流動,愛又能夠療癒過往的傷痛,這就是愛的奇妙。

生之聯想

1. 你曾否經歷過因著「冰封了的感情」，蓋過了對逝者離開了的傷痛？你解凍了這段感情嗎？

2. 你心裡曾否有掙扎，盼望能夠和某位逝者的關係復和？是什麼阻礙了你們復和之路？

善因篇－破解「輸贏」的工具

我們既生了出來，卻又總會死去，到底是什麼一回事？為什麼要這樣大費周章？死亡留給在生者的，難道只有悲傷？其實喪禮是生者對死者的心意和關懷，拜祭是種尊重，也讓生死者更珍惜生命。我們對死者所做的一切，是源於生命與生命之間的愛。

人在面對生活中的事物，經常不會去注意或關心，甚至吝嗇一個感激的眼神、一句感謝的言詞，直到失去才感到無限可惜，無盡的悔疚，才感到珍惜「當下」的可貴。

韓嬰的韓詩外傳中有云：「樹欲靜而風不息，子欲養而親不在。」就道出了錯失以貼心、愛心、和尊重心去珍惜眼前人的遺憾。或許，那人是你最好的朋友、也許是你的至親；他們的想法也許曾經與你背道而馳，但彼此和而不同，也因著參與了對方的生命，傾聽對方的喜怒哀樂而感到喜悅。

曾經聽過一則故事，兩戶富商為爭一道牆的產權而報地方官，其中一方更為此事修書至京城大官。這位目光遠大的官員的回信只是一首四句詩：『千里修書只為牆，讓他三尺又何妨，萬里長城今猶在，不見當年秦始皇。』

他一語道破，人生忽忽十數年，不用為意氣或身外物去爭奪，今天的「輸贏」只是曇花一現。其中一位戶主看後主動退讓，而另外一位也放棄業權，兩人關係更進一步。

常懷感恩的心就是破解「輸贏」的最善意、最有效的工具。面對贏的喜樂，要多謝幫助我們成功的人、事、物，與摯友親朋分享致勝過程，認清人生成就的真諦不只在結果，也珍惜曾共事的人所經歷的一點一滴，面對挫折的苦困，要感謝自己困難時仍然生存。

勇敢承認當下的輸，檢討過去，感激曾經幫助我們的朋友，也多謝失敗的原因，因為挫折能讓我們有更完善自己的機會。

生命的精彩，在於當中的因緣際遇牽涉了不同人的參與，生死雖然別離，但透過殯儀殮葬、拜祭掃墓，生者不但能表達對死者的尊重和感情，也提醒自己對生命的愛惜，更懂得去愛身邊人。

借 "死" 談 "生" 幸福生活的選擇。

第四章

反思生命重量的五道

李志誠

在談論生死課題時，往往都會提及「四道人生」這個主題，這「四道」分別是：道愛、道謝、道歉和道別。我們會以這些主題，開導臨終者和喪親者去面對生命的離逝。而我在這「四道人生」上加多一「道」，稱為「道諒」，希望這「五道」能夠撫平在生者的傷痛，心靈的枷鎖得以解脫。

道愛，可以講一句簡單的「我愛你」，也可以是一段藏於心底的真心話，詳細表達你對摯親的關懷，讓説話、擁抱展現那份溫暖的愛意。

道謝，無論對方在生或即將離世，當你感恩自己生命中，因為有他的出現而處處得到呵護，備受疼愛，用簡單一句「謝謝你」，感謝那人在你生命裡留下的美好烙印。

道歉，請對方原諒自己的過錯，可能是年少無知時的叛逆，在某些事情上傷害了彼此的感情。這刻誠心表達歉意，讓對方知道自己曾經做得不理想和錯誤的地方，期盼得到寬恕，重新建立關係。

道別，對離世者的祝福，真誠地跟他説聲再見，感恩他在生命旅途中的出現，讓他安心地離開，他日會於某個地方再聚首。

道諒，學習寬恕對方，體諒對方曾經令自己氣憤和不滿之處，嘗試了解他背後的情緒和動機，相信對方可能有其苦衷，從寬恕裡釋放負面的情感。

這「五道」是回顧人生的過程，切實地感受和反思生命的重量，讓臨終者和至親開啟內心的對話，慢慢接受這堂「必修課」的來臨。

善因篇－為煩惱而自殺，
為自殺而煩惱

有人為了煩惱而自殺，但自殺卻帶來了更大的煩惱。自殺沒有解決問題，反而引發更多問題。既然連死亡都不懼怕，可不多留一會勇敢面對？說不定，問題在一段時間後就能解決。

在《我好想死？求生與求死之間的掙扎》這本書中，討論日本驚人的自殺現象，該書的序言提到，日本每年因為自殺而死亡的人數，比因為交通意外身故的人多出4倍。

有人認為「人生總有一死」，因此，怎麼樣的生活都不再重要。過分輕看生命，令生命的一切事情都變得輕率、隨意，也令生命變質。

六十年代的一則趣聞，論到半個世紀後將會是科技主導的世界，人們的生活質素將會越來越高，也會越來越幸福。結果五十年後的今天，生活水準提高了，幸福指數卻大幅度降低。

或許五十年前的人沒有想到，今天的人竟然會陷進了複雜難解的心靈困頓，在人生中找不到進與退的路。原來科技的進步，同時令人與人的競爭加劇，彼此的相處陷進了冷漠的機械式溝通中。

工作或課業的壓力構成了個人問題；家庭問題形成了精神壓力，沒有出路的人把「死亡」視作出路。

然而死亡絕對不是結束！有研究顯示，一個自殺的人至少影響六位在世的人。因此所謂的「解脫」只是推卸責任的表現。其實只要勇於承擔責任，就沒有解

決不了的問題，關鍵在於你是否有這個決心、這份勇氣？

曾經有位日本長者分享對人生的看法，他指出：「到頭來，活著不過是自我想通罷了！」生命的意義從來都不是等候死亡，與其被「要死則不用活」的想法阻礙人生，何不試著去想通自己呢！

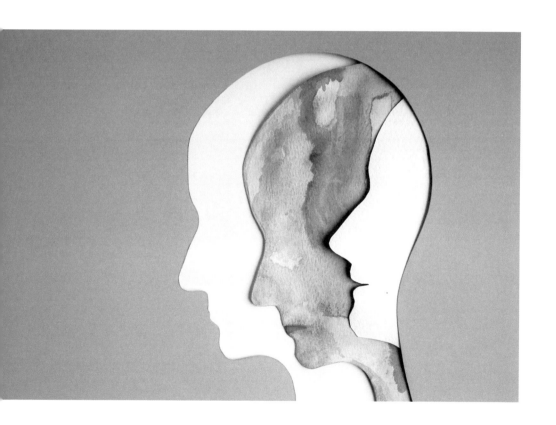

道之不盡的「愛」

陳敏兒

每逢到了中秋節，我與父親在那兩個星期，每晚都有個專屬的約會。

那年頭家裡總會收到很多月餅，這些月餅便成為我們約會的「道具」。每晚飯後，父親會將月餅平均切開，分成小塊。而我會用他的紫砂茶壺泡出濃香的普洱，兩父女一起安靜地茗茶、吃月餅。

這個甜蜜瞬間我稱之為我和父親的「珍珠時刻」，沒太多的對話，只是彼此陪伴，共享美食，陶醉在溫馨的氛圍，享受當下珍貴的共處。我和爸爸真心相愛，卻從未向彼此說過「我愛你」三個字，但我並不感到遺憾，因為我倆的關係一直都有不少這樣的高質量陪伴時光，互相表達彼此的愛意。

愛之五語，就是包括精心的時刻、貼心的禮物、服務的行動，肯定的言語和身體的接觸。都是「道愛」的表達，當中的「含愛量」都份量十足，比起「我愛你」三個字更具體、更實在、更入心。

以我的實際經驗，陪伴臨終病人，透過身體的接觸去表達愛意，更勝過千言萬語。智叔住院期間，睡眠質素很差，吃了安眠藥仍然不能入睡，十分煎熬，我看着也只有心痛。

當時有朋友介紹我去學按摩，是德國醫院安寧病房常用的手部按摩療法，能夠安撫病人情緒，舒緩不適。我即學即用，學完馬上去醫院為智叔按摩，這是專為病人設計的按摩，需要極緩慢的節奏，極輕柔的施按。不消兩分鐘，智叔便呼呼大睡，能夠令他安睡一覺，我不禁鬆了一口氣，心裡大感欣慰。

自此，我每天都會為他按摩幾回，看到智叔十分享受的樣子，連兩個兒子都動手為爸爸按摩，透過這樣的身體接觸，智叔深深感受到被愛。而我們施按的，則因為可以向他表達愛而感到安慰。

臨終病人精神體力都日益衰退，說話都深感虛弱無力，連聽我們說話都會感到精神不足。還記得我們一家四口在病房裡，大家都默默無言，孩子和我專注地、緩慢地、溫柔地為智叔按摩，用我們的身體接觸去道愛，去感受愛的連結。這些珍貴回憶，至今仍然滋養著我們的心靈，讓我們感到無憾。

 生之聯想

1. 除了說「我愛你」，分享一件對你親友「道愛」的行動。

2. 你自己的愛之語是什麼？你最喜歡別人用什麼方式向你表達愛意？

以「道歉」承担自己的責任

陳敏兒

每當親友離世，內心都出現數之不盡的遺憾，總會後悔當初為何沒有花多些時間陪伴他們，為何當初為了雞毛蒜皮的事而破壞彼此的關係，總是覺得自己做得不夠好，總是覺得自己虧欠了對方。

而這些歉疚往往讓在生者難以釋懷，在哀傷歷程上行得更加困難。

諾諾離世後，我總是會想到自己做得不足的地方，想到自己曾經發他脾氣，照顧不夠細心，想當日答應他好好留在醫院醫病，出院後便買他最愛的蛋撻給他吃，這些「空頭支票」並沒有兌現......如此種種都令我內疚自責。

朋友又總是開解我，說我每天留在醫院，衣不解帶的照顧他，我已經是很盡心盡責的母親了。這些肯定的話不假，但我心裡覺得虧欠的感覺也不假。所以，這些安慰的話並未能化解我的內疚。

最後，我悟出一個道理，既然覺得自己做得不好，就勇敢面對這份不足，承認自己的不完美，接納自己的確是個會犯錯的血肉之軀。有錯就認，我決定好好去跟兒子去道歉，在禱告中我把一切心裡感到虧欠孩子的大小事情，流著淚一一說出，並跟諾諾說對不起。

原來，那怕對方已經不在世了，我們仍然可以透過道歉去彌補遺憾。因為道歉，並不是需要得到對方原諒，而是勇敢面對自己的不足，負起自己的責任。

這個正式的道歉儀式，令我在誠實中釋放了心底內疚。我也選擇接納不足的自己，原諒了自己。

道歉是門極難的功課，因為要承認我們並不完美，承認自己做錯了，要「認衰仔」，要放下自己的身段，難怪我們總是想迴避。

李志誠

不願意道歉的關鍵在於「接受唔到自己犯錯」，不願意承認自己的不完美，接納自己也有失敗的時候。

因此，「不道歉」往往不在於事情的對錯、或者沒有勇氣道歉，而是不肯接受有缺憾的我，不肯承認自己的生命存在不完美。

陳敏兒

行山的人必然會走過許多石路，如果穿著的鞋不合適或不專業，碎石便會滾進鞋裡。雖然你或許仍然可以繼續前行，但是這些小碎石卻一點一點折磨你的腳掌。直到我們願意停下來，把鞋子脫下，把沙石倒出來，再上路，我們才忽然感受那份舒坦。

因此每次的道歉，其實並不是羞恥，反而是釋放自己。

 **生之聯想**

1. 我們或許會不時説：「對不起」。你認為真誠的「道歉」要具備什麼條件？

2. 你認為自己內在有足够空間去接納自己的不完美嗎？

善因篇－活了多年，好像什麼事都沒做過？

時間不但是金錢，它更可以是你的家庭、友誼、名譽、善行……因為，時間本來就是生命的真實反映。你用你的時間做什麼，你的生命也將變成什麼，當中沒有半點花巧。關鍵是，我們雖然一直活著，但我們將時間花到哪裡呢？

都市人，需要兼顧家庭、工作與及個人成長，漸漸容許「沒有時間」、「我先忙完目前的工作才算吧」、「要是真的重要，我必定會抽出時間來盡力去做的……」等等，成為逃避發揮潛力的藉口。

難道你容許自己璀燦的人生就這樣結束？抑或你要突破這種缺口卻又不知怎樣做？當你面對各式各樣的工作，根本抽不出半點時間整理自己人生時，學著「解決這個逆境」，說句：「真有這麼重要嗎？」然後重新安排你的工作時間表，你會發覺排除不重要的工作後，才能為自己編排出最妥善的工作時間表。

即使要兼顧家庭、處理工作，仍然有權去發揮你的天賦與潛能。人生就在你手，沒有人能攔阻你去高飛；最重要的是別讓自己以「生活迫人」作藉口，今天就為你自己的人生起飛吧！

時間就是生命，珍惜生命，就先要掌握良好的時間管理技巧。時間的自然規律是不容許人為的增減，但人能透過加強管理技巧去「創造」時間。

管理時間的第一步，是整理你的日程表。用行事曆記錄你每天要完成的工作，然後把一些不受時空限制也能完成的小事情，如閱讀、整理手袋，在乘車、等候友人期間，抽時間處理一下。漸漸你會發現平日緊絀的時間，在不知不覺間多起來。

「道諒」是愛與放下的關鍵

李志誠 華人家庭的傳統觀念較重，往往在很多日常的起居中，都會涉及兩代人的交往。接觸頻繁，衝突、齟齬自然增多，「道歉」、「道諒」便成為相當重要的生活部份。事實上，「道歉」和「道諒」可以說是一對孖公仔，也好像一面鏡子。兩者兼備，人生才顯得更加完滿。

正如先前提及的，很多時在我們成長的過程中，認為做錯事是十分「冇面」的事，或多或少都想千方百計逃避。在生死教育中，後輩做得不好向長輩真誠道歉，對後輩是十分重要的，因為真誠道歉後，其內心會得到釋懷。畢竟後輩對長輩道歉，相比長輩向後輩道歉容易。

的確長輩向後輩道歉是需要更大的勇氣，這亦是生死教育的其中重點。因為當長輩真誠向對方道歉，而後輩亦有體諒之心接納，彼此的內心都得到釋放。除非原諒，否則哪能放下？除非原諒，否則愛從何談起？

華人文化很重視長幼有序，若長輩能夠在理解、包容下向後輩道歉，對他自己及後輩都是很重要的教育。這個相互道歉、相互道諒對家族和諧是無價的。在尋常生活中，人做錯事是在所難免，「人非聖賢，孰能無過」，若長輩、後輩能夠相互道歉、道諒，是十分有價值的事。

如果後輩想原諒已經離世的前輩，可以透過哀傷輔導員，以角色扮演的方式表達他的難受。他用語言表達出來後，情緒便不再被壓抑。在輔導員的協助下，那位後輩調換角色成為「長輩」，當

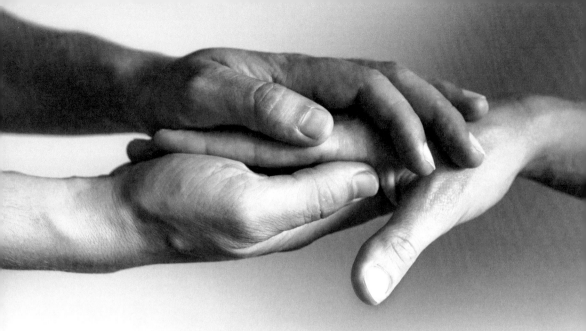

聽畢後輩剛才的一番話後，如今成為「長輩」的他會有怎樣的回應？通常「長輩」都能夠代入對方身份，原諒了對方。

「原諒」是人很崇高的美德，是人性中「愛與放下」的最高指標，其背後關鍵在於是否具備「原諒」的能力。原諒，是到達修行的關鍵法門。

 生之聯想

1. 分享一件長輩加諸於你身上令你最不快的事，你有否嘗試原諒他 / 她呢？

2. 原諒是最崇高的美德，攔阻你實現這美德是什麼？有沒有信心跨越這攔阻？

必然而具深層意義
的「道謝」

李志誠

小羊、小馬在剛出生後不久，便能夠跟著媽媽奔跑，還會獨立進食。但人類剛出生時不用說可以自己進食，連行走也要別人幫助，沒有辦法自己照顧自己。所以說，在最初的一年，如果沒有其他人的協助，人類基本上是不能夠生存。

這個重要訊息提醒了我們，無論今天自己多麼有成就、多麼有能力、多麼有地位，若然在首一年沒有人照顧，我們根本沒有可能可以成為今天的自己。

由是觀之，「道謝」在我們人生中是這麼的必然，是這麼的具有深層意義。沉思一下，除了在年幼時亟需要別人照顧，在我們的人生路上，在你低沉的時候，有沒有人為你點過燈？在你迷網的時候，這盞燈是否為你找到方向？還帶給你溫暖。所以這種發自內心的道謝，很值得向幫助過你人致以衷心的表達。

感恩、道謝是人類的美德，這種積極的情感表達，在人和人的交往中發揮著重要的作用。謝謝出現在生命裡為我們所做的一切的每一個人。

thank you

生之聯想

1. 你現在最想道謝的人是誰？為什麼？你有沒有作出這個道謝的表達呢？

2. 你曾否因為沒有向某人道謝而感到後悔？現在已經來不及道謝了？原因是失聯、斷絕來往或是對方已經離世了？

善因篇－珍惜身邊的人和事

你是個把工作擺在第一位的人嗎？有些人的確是因為這樣才被提拔的，如果你也要闖出一番事業，當然可以嘗試這麼做，畢竟工作並不是罪惡。

但以生命的意義來看，工作並非人生的全部。當你全心全意的投入工作，為工作而奮鬥時，家人、朋友、健康、興趣呢？你可曾經為他們付出過精神和時間。當然並不是要你放棄工作，這裡說的是要學懂如何過平衡生活，珍惜身邊的人和事。

你對自己這樣說過嗎：「現在正是開展事業的大好時機，我要將全副精神用在工作上，等我衝到一定的位置，就可以好好發展自己的興趣了。」但你有沒有想過，不管你處於何種職位，待你完成了目標時，再往上一看，還有無盡的階層待你攀爬。於是第二目標又浮現了，如此週而復始，永遠沒有停下來的時候。

別再敷衍自己，人生最遺憾的事莫過於生命有所殘缺。別讓自己走到生命盡頭時，才後悔沒有好好珍惜身邊的人和事。工作既不是生命的全部，何不想一想怎樣才讓生命了無缺憾呢？

有個方法可以時時提醒你，就是在記事本或行程表內，每星期撥出和家人、朋友相處的時間，又預留屬於自己的時間，做自己喜歡的事情。

如果你是工作狂，是時候學習過均衡生活，讓生命平衡一點。如果你自問是個懶惰的人，是時候學習提起幹勁，不要白白浪費生命。

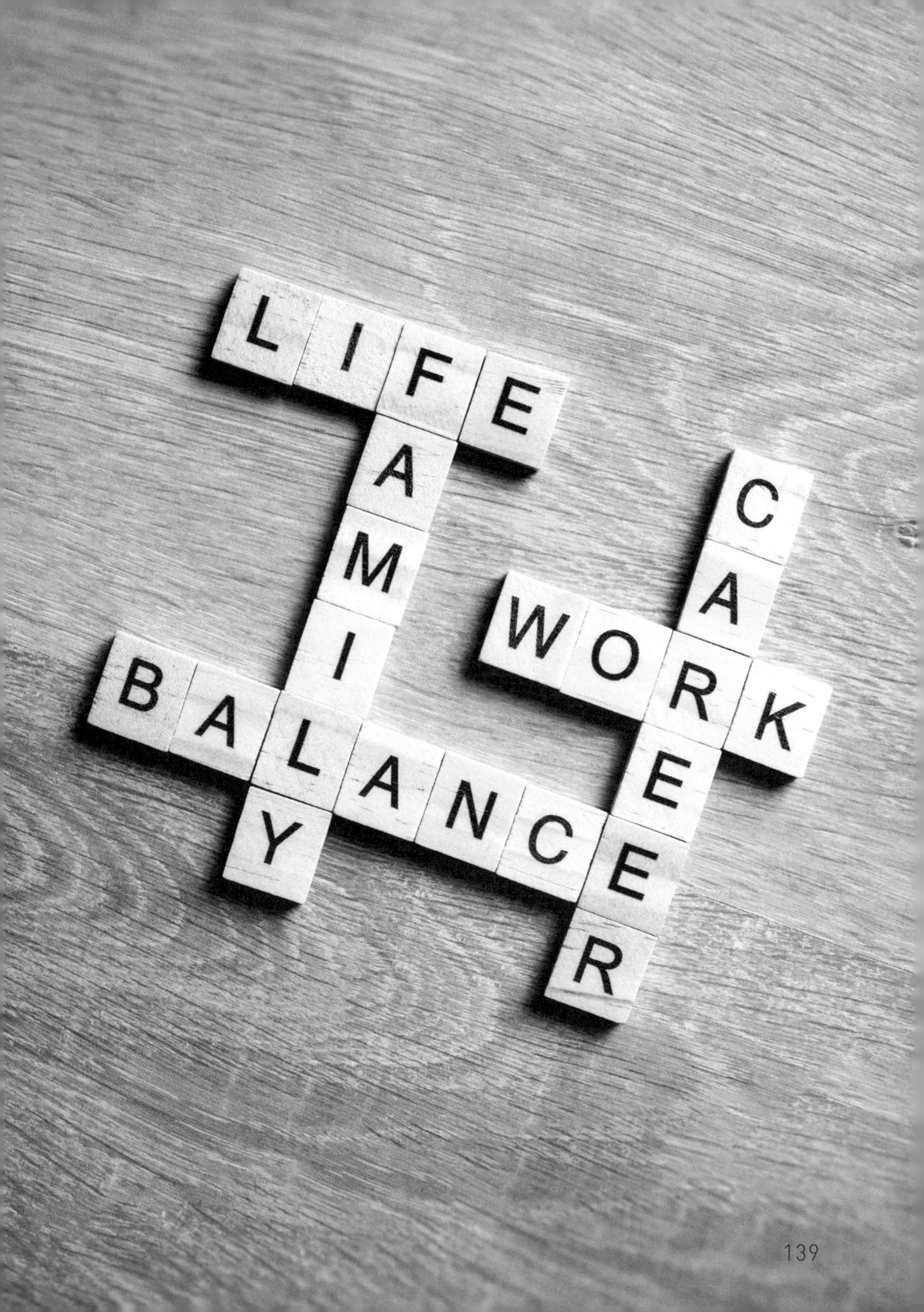
LIFE
FAMILY
BALANCE
WORK
CAREER

認清「道別」期盼的界線

陳敏兒

道別時，臨終者往往對生者有一些期望，例如：父親希望女兒考上大學成為醫生；母親希望兒子及早成婚生子。

這些對下一代的臨別叮囑，如果兒女無法達到，滿足不了父母臨終時的意願，往往感到未盡孝道而內疚自責。

李志誠

首先，我們要釐清為何父母有這個「期盼」。可能由於他們年輕時的願望，因為環境等種種原因無法達到，便將這個未完成的任務寄予下一代，期盼兒女為他們圓夢。

那我們就要問自己：「我選擇做醫生是為了父母的期盼，還是想救死扶傷。」這完全是兩個概念。

許多人都會誤將父母的期盼當成自己的期盼，為了報答父母的養育之恩而跟隨父母的安排，卻沒有真正考慮過自己「想要」什麼，這種行徑是不理想和不健康的。

父母「期盼」的根源，是希望看見下一代幸福快樂，任何的「期盼」都並不是無緣無故產生，往往是個贈與我們祝福的禮物。而兒女卻誤解這份禮物，以為父母任何的安排都為了操控自己，不讓我們選擇想要的人生。

那麼我們再問自己：「是否有心平氣和與父母溝通，闡述自己的人生規劃？」

父母的「期盼」與自己真實的想法或能力，很多時候都會不同，我們了解父母期盼的原因，並且清楚自己是否為了滿足父母的期盼，而放棄自己的選擇。我認為經歷這個思考後的選擇，是沒有對錯之分，因為每個人的人生選擇都是屬於自己的。

陳敏兒 思考「父母的期盼」與「自己想要的人生」十分重要，同時我們也要為自己建立「健康界線」，因為面對家人離世，很多情感都會混淆了，分不清什麼是自己的意願，什麼是他人的期望。不要因著悲傷而作出錯誤、後悔的決定，更不要因為未有完成逝者的期望而自責。

我相信死亡是個淨化的過程，死亡呈現了實相，每個人都是赤手而來赤手而去，沒有執著，是種最純淨的狀態。父母，最原始的期盼其實都是想孩子活得幸福快樂。為父母愛孩子的期盼而感欣，同時，為愛自己而努力活得快樂幸福。我相信，我們就是在愛中連結。

生之聯想

1. 你怎樣理解和應對父母對我們的期盼？

2. 今天你又怎樣表達對子女或下一輩的期盼？

延續關係的大鄰舍

陳敏兒　我有個信念，人的親密關係不會因著死亡而結束。那些在我們生命中重要的人會成為我們生命的一部份，那怕他們離世了，他們會在我的思念中繼續存在，他們的生命力仍然在我們的生活中自然流露，甚至仍然影響我們的想法和感覺。若我能夠好好活着，同樣，我也讓逝者在我的生命中繼續活著。

李志誠　我同樣也想運用「大鄰舍」的概念，將離世者的生命以另一種形式永續。「大鄰舍」可以是逝者熟悉的朋友，在他離去後的一年半載關顧在生者，將逝者認為有珍貴意義的「moment」傳達對生者的祝福，讓在生者感到幸福，聯想起許多幸福的畫面。這個「moment」可能是踩單車，可能是煮一頓飯。

陳敏兒　這概念很好啊！提醒了我可以在生前便委托一些熟悉的朋友做「大鄰舍」，在我離去之後代替我繼續把祝福傳給我的家人。我相信我生命最大的價值就是常常跟孩子分享我的發現，包括看了一本好書、一套電影、一段經歷，我從中得到的啟發。

我希望Amen可以成為我的「大鄰舍」，你也是很喜歡在生命中不斷去發現，並且樂於跟別人分享的人，所以在我離世後，你可以將你的新發現跟我的兒子分享，讓我的孩子透過你的分享，來感受延續媽媽過往給他們的祝福。

而我作為在生者，其實也可以主動尋找逝者的「大鄰舍」。就是找回父親的同事、朋友，讓他們講述過往父親的生活點滴，將我們不知道的故事，例如：他工作的趣事、歐遊的過程、臨終前的

遺言等等一一告訴我們。

我也可以主動去聯絡智叔的舊同學、舊同事，透過交流往昔的相處時刻，說他的故事去紀念他，深化在我們腦裡的記憶，讓逝去的生命延續下去。

生之聯想

1. 如果要找一位逝世親友的「大鄰舍」，述說他的故事作為傳承及延續，你會找誰？為什麼？

2. 你有沒有找到一位和你「心靈相通」的「大鄰舍」？你希望他將來為你傳承什麼故事及理念？

善因篇－40歲應做的9件事

「40歲」是人生的里程碑。在40載的經歷中，體驗了喜怒哀樂，高低起跌種種感覺。接著，在下半場開始前應該如何預備呢？

以前一直有個想法，40歲以後工作能力會大減。然而今天已有不同的看法，40歲以後的價值在於一個人的經驗、技能和判斷能力，責任及職位比以前重大了，並不應在於每天工作八小時的能力。最重要的是在40歲時，你是否可以講一句：『各位，我辭職不幹了。』這就視乎你在40歲前是否做了適當的事。

 什麼是適當的事呢？首先，在40歲前你已經成為行業中的佼佼者。在20或30歲時，你可以在深宵孜孜不倦的工作，但到了40多歲，理應只是繼續取得更多經驗，不應為了工作而喪失睡眠。

 第二是培養個人的風格。在40歲以前，發掘個人的特點，找出自己的興趣，到了40歲，就要建立及展現個人的素養，突顯與眾不同的風範。

 第三是要建立穩定的感情生活。在40歲後，有穩定感情的伴侶，其生趣會更加得意。

第四是明白自己的長處。年輕時應作多方嘗試，掌握自己的擅長，再加以琢磨。到40歲時，將長處擴大運用，奠定成功之路。

 第五是知道自己的短處。年輕時要盡量找出自己的弱項，明白個人做不來的事情，投入你所喜愛的工作。到了40歲，就會建立到自己事業，盡顯個人的長處。

 第六是儲備辭職不幹的金錢。有人曾經說過，把你賺到的第一個一百萬儲起來，就會脫離依賴別人生存的能力，為自己在40歲後建立了安全網。

 第七是建立人際關係網。人際關係網不是一朝一夕能建立起來的，是需要在年輕時開始經營。40歲以後，穩固的關係網可以產生互依互賴的優勢。

 第八是要對人忠誠。在40歲前，要樹立個人真誠剛直和不可動搖的聲譽，忠誠在前期是給予的階段。到了40歲，忠誠就成為你的資產，為你帶來了無限互信的友情和信譽。

 第九是為自己的人生預備美麗的落幕。殯儀殮葬是生者對死者的心意和關懷，反過來，如果我們在生前已經為自己的後事做安排，豈不也是對至親表達了一份關心？這種安排稱為「生前契約」（Pre-need Contract），是指人在生時，為自己或摯愛親友籌劃善終服務之合約。

借"死"談"生" 幸福生活的選擇。

「追思生命價值，
傳承愛與和平」
－關於善集團

文：善因生命教育學會創辦人李志誠博士

「追思生命價值，傳承愛與和平」是「善集團」的企業宗旨，我有幸於十多年前認識了Margaret，很被他們的理念感動，並且在他們的靈灰安置所中預先購置了靈灰位。

現時全港只有九間獲發牌的私營靈灰安置所，「善集團」佔有兩間，包括已經營十載的典雅花園式「善緣」，以及宮殿式的「善果」生命文化紀念館。同時，首幢樓高11層的私營靈灰安置所「善心」生命文化紀念館，亦密鑼緊鼓籌備中。

善緣

「善緣」靈灰安置所座落於屯門青山村，於2019年5月獲私營骨灰安置所發牌委員會發牌，有5,000個灰位。由屯門市中心V City屯門港鐵站乘車前往只需五分鐘。「善緣」以西式別墅設計，由兩幢樓高三層的宅院建築物合併而成，廣納各宗教信仰，崇尚和平共存。

善緣外貌

善緣的清幽精緻園林

借"死"談"生" 幸福生活的選擇

善果

「善果」生命文化紀念館，座落於新界屯門楊青路，鄰近屯門輕鐵青山村站及屯門港鐵站，於2022年6月獲私營骨灰安置所發牌委員會發牌，有8,000個灰位。「善果」外觀如白色宮殿，是舉辦追思儀式的理想場地。場內同樣廣納不同宗教主題的靈灰堂，融合中西文化。

「善果」生命文化紀念館外貌

「善果」追思儀式場地

善心

「善心」生命文化紀念館是香港首個全幢大樓式私營靈灰安置所，位於葵涌葵喜街，屬葵涌市中心地帶，就近葵芳及荃灣港鐵站，近市區遠民居。預計今年獲私營骨灰安置所發牌委員會正式發牌，共23,000個灰位。秉承集團「追思生命價值 傳承愛與和平」的理念，「善心」亦會提供各式宗教主題靈灰位。

樓高11層的「善心」生命文化紀念館

「善心」的靈灰安置紀念堂

借「死」談「生」
一 幸福生活的選擇

出版人：李志誠博士

作者：李志誠博士、陳敏兒女士

總編輯：林志成

協力：陳耀霆

出版：平和樂聯盟有限公司

地址：香港柴灣祥利街18號祥達中心7樓706至707室

電話：852 3792 0062

傳真：852 3585 1086

網址：www.happeace.org

設計：Eye Design Company Limited

印刷：Eye Design Company Limited

電話：852-2527 0027

網址：http://www.eyedesign.cc

初版印刷：2023年3月

售價：港幣128元正